Das Fondue-Kochbuch

100 köstliche Rezepte für jeden Anlass
Entdecken Sie die Kunst des Fondues und beeindrucken Sie Ihre
Gäste

Babette Martin

INHALTSVERZEICHNIS

ABSCHLUSS

EINFÜHRUNG

Das Fondue-Kochbuch ist ein umfassender Leitfaden in die Welt des Fondues mit 100 köstlichen Rezepten für Käse-, Fleisch-, Meeresfrüchte- und Dessertfondues. Jedes Rezept wird von einem wunderschönen Farbfoto begleitet, das die köstlichen Ergebnisse zeigt, die Sie mit diesem unterhaltsamen und interaktiven Kochstil erzielen können.

Dieses Kochbuch bietet nicht nur eine große Auswahl an Rezepten, sondern enthält auch hilfreiche Tipps zur richtigen Zubereitung und Pflege Ihres Fonduetopfs sowie kreative Präsentationsideen, mit denen Sie Ihre Gäste beeindrucken. Vom klassischen Käsefondue bis hin zu abenteuerlichen herzhaften und süßen Kombinationen ist in diesem Kochbuch für jeden Geschmack etwas dabei.

Mit seinen leicht verständlichen Anweisungen und atemberaubenden Fotos ist das Fondue-Kochbuch der ultimative Leitfaden sowohl für Anfänger als auch für erfahrene Fondue-Enthusiasten. Egal, ob Sie auf der Suche nach einem romantischen Abendessen zu zweit sind oder eine unterhaltsame und interaktive Party mit Freunden und der Familie planen, dieses Kochbuch ist genau das Richtige für Sie.

1. Karamell-RumChata-Fondue

Ergibt: 12 Portionen

ZUTATEN:
- 7 Unzen Karamellbonbons
- ¼ Tasse Miniatur-Marshmallows
- ⅓ Tasse Schlagsahne
- 2 Teelöffel RumChata

ANWEISUNGEN:
a) Karamellbonbons und Sahne im Topf vermischen.
b) Abdecken und 30 bis 60 Minuten erhitzen, bis es geschmolzen ist.
c) Marshmallows und Rumchata unterrühren.
d) Abdecken und 30 Minuten weitergaren.
e) Mit Apfelspalten oder Rührkuchen servieren.

2. Rosa Limonadenfondue

Ergibt: 6 Portionen

ZUTATEN:
- 1¼ Tasse Apfelwein, geteilt
- 2 Teelöffel rosa Limonadenkonzentrat
- 1 Esslöffel Zwiebel, fein gehackt
- 3 Tassen Cheddar-Käse, gerieben
- 1 Esslöffel Maisstärke
- ⅔ Teelöffel Senfpulver
- Weißer Pfeffer

ANWEISUNGEN:
a) Erhitzen Sie 1 Tasse Apfelwein, Zitronensaft und Zwiebeln bei mittlerer bis niedriger Hitze in Ihrem Fonduetopf.
b) Den Käse unter Rühren langsam hinzufügen.
c) Maisstärke und Senf in ¼ Tasse Apfelwein mischen.
d) Die Mischung zum Käse geben.
e) Nach Geschmack weißen Pfeffer hinzufügen

3. Cheddar-Fondue mit Tomatensauce

Macht: 4

ZUTATEN:
- 1 Knoblauchzehe, halbiert
- 6 mittelgroße Tomaten, entkernt und gewürfelt
- 2/3 Tasse trockener Weißwein
- 6 Esslöffel. Butter, gewürfelt
- 1-1/2 Teelöffel. Getrocknetes Basilikum
- Prise Cayennepfeffer
- 2 Tassen geriebener Cheddar-Käse
- 1 Esslöffel. Allzweckmehl
- Gewürfeltes Baguette und gekochte Garnelen

ANWEISUNGEN:
a) Reiben Sie den Boden und die Seiten eines Fonduetopfs mit einer Knoblauchzehe ein.

b) Beiseite stellen und den Knoblauch wegwerfen.

c) Wein, Butter, Basilikum, Cayennepfeffer und Tomaten in einem großen Topf vermischen.

d) Bei mittlerer bis niedriger Hitze die Mischung zum Köcheln bringen und dann die Hitze auf eine niedrige Stufe reduzieren.

e) Käse mit Mehl vermischen.

f) Nach und nach zur Tomatenmischung hinzufügen und nach jeder Zugabe umrühren, bis der Käse geschmolzen ist.

g) In den Vorbereitungs-Fonduetopf füllen und warm halten.

h) Mit Garnelen und Brotwürfeln genießen.

4. Schokoladen-Amaretto-Fondue

Ergibt 4 Portionen

ZUTATEN:
- 3 Unzen ungesüßte Backschokolade
- 1 Tasse Sahne
- 24 Päckchen Aspartam-Süßstoff
- 1 Esslöffel Zucker
- 1 Teelöffel Amaretto
- 1 Teelöffel Vanilleextrakt
- Beeren, ½ Tasse pro Portion

Richtungen

a) Brechen Sie die Schokolade in kleine Stücke und geben Sie sie mit der Sahne in ein 2-Tassen-Glas.

b) In der Mikrowelle auf höchster Stufe erhitzen, bis die Schokolade geschmolzen ist, etwa 2 Minuten. Rühren, bis die Mischung glänzt.

c) Süßstoff, Zucker, Amaretto und Vanille hinzufügen und verrühren, bis die Mischung glatt ist.

d) Geben Sie die Mischung in einen Fonduetopf oder eine Servierschüssel. Mit Beeren zum Dippen servieren.

5. Pub-Käsefondue-Dip

Ergibt: 2 Portionen

ZUTATEN:
- 3 Esslöffel grob gehackte, eingelegte Jalapenopfeffer
- 1 Tasse Apfelwein
- ⅛ Teelöffel gemahlener roter Pfeffer
- 2 Tassen geriebener extra scharfer, gelber Cheddar-Käse
- 2 Tassen geriebener Colby-Käse
- 2 Esslöffel Maisstärke
- 1 Esslöffel Dijon-Senf
- 60 Cracker

ANWEISUNGEN:
a) In einer mittelgroßen Rührschüssel Cheddar-Käse, Colby-Käse und Maisstärke vermischen. Beiseite stellen.

b) In einem mittelgroßen Topf Apfelwein und Senf vermischen.

c) Bei mittlerer bis hoher Hitze kochen, bis es kocht.

d) Die Käsemischung nach und nach langsam unterrühren, bis eine glatte Masse entsteht.

e) Schalten Sie die Heizung aus.

f) Jalapeno und rote Paprika unterrühren.

g) Geben Sie die Mischung in einen 1-Liter-Slowcooker oder Fonduetopf.

h) Bei schwacher Hitze warm halten.

i) Zusammen mit Crackern servieren.

6. Mokka-Fondue

ZUTATEN:

- 8 Unzen. Halbbitter Schokolade
- 1/2 Tasse heißer Espresso oder Kaffee
- 3 Esslöffel Kristallzucker
- 2 Esslöffel Butter
- 1/2 Teelöffel Vanilleextrakt

Richtungen

a) Schokolade in kleine Stücke schneiden und beiseite stellen

b) Espresso und Zucker im Fonduetopf bei schwacher Hitze erhitzen

c) Unter Rühren langsam Schokolade und Butter hinzufügen

d) Vanille hinzufügen

e) Optional: Einen Spritzer Irish Cream hinzufügen

f) Zum Dippen: Angel Food Cake, Apfelscheiben, Bananen, Erdbeeren, Rührkuchen, Brezeln, Ananasstücke, Marshmallows

7. Minz-Schokoladen-Fondue

ZUTATEN:
- 1/2 Tasse Sahne
- 2 Esslöffel Pfefferminzlikör
- 8 Unzen halbsüße Schokolade

Richtungen
a) Die Sahne bei mittlerer Hitze erwärmen
b) Likör hinzufügen
c) Die Schokolade reiben oder in kleine Stücke brechen und unter Rühren langsam zur Masse hinzufügen
d) Rühren, bis die Schokolade geschmolzen ist

8. Stachelbeerweinfondue

ZUTATEN:
- 1½ Pfund Stachelbeeren; gekrönt und geschwärzt
- 4 Unzen Kristallzucker
- ⅔ Tasse trockener Weißwein
- 2 Teelöffel Maismehl (Maisstärke)
- 2 Esslöffel einfache (helle) Sahne
- Brandy schnappt

Richtungen
a) Ein paar Stachelbeeren zur Dekoration aufbewahren, den Rest durch ein Sieb passieren und ein Püree herstellen.
b) In einem Fonduetopf Maismehl und Sahne glatt rühren. Stachelbeerpüree einrühren, dann erhitzen, bis es glatt und dickflüssig ist, dabei häufig umrühren.
c) Mit beiseite gestellten Stachelbeeren dekorieren und mit Brandy Snaps servieren.

9. <u>Monterey Jack Tequila-Fondue</u>

Ergibt: 6 Portionen

ZUTATEN:
- 10 Unzen Hühnerbrühe
- ⅓ Tasse Tequila
- 1 Pfund Monterey-Jack-Käse, gerieben
- 1½ Esslöffel Maisstärke

ANWEISUNGEN:
a) Brühe und Tequila zum Kochen bringen. Hitze reduzieren und den geriebenen Käse hinzufügen und glatt rühren. Maisstärke einrühren und weiter kochen, bis eine dicke und sprudelnde Masse entsteht.

b) In einen Fonduetopf füllen und bei schwacher Hitze erhitzen. Mit Gemüsedippern und Salsa servieren. Ergibt 6 Portionen.

10. Lagerfeuer-Fondue

ZUTATEN:

- 2 Tassen geriebener Cheddar ODER Schweizer Käse
- 2 EL Allzweckmehl
- ¼ Teelöffel Paprika
- 1 Dose Selleriecremesuppe
- ½ Tassen Bier oder Weißwein oder Wasser

ANWEISUNGEN:

a) Suppe und Bier verrühren. In einem Wasserkocher bei schwacher Hitze erhitzen.

b) Käse, Mehl und Paprika vermengen.

c) In den Wasserkocher geben und umrühren, bis der Käse vollständig geschmolzen ist.

d) Mit französischen Brotwürfeln servieren.

11. Jakobsmuschel-Käse-Fondue

ZUTATEN:

- 1 Pfund Jakobsmuscheln, frisch oder gefroren, z
- 2 Tassen weiche Semmelbrösel
- 1 Dose kondensierte Pilzsuppe
- 1 Tasse Milch
- 1/4 Teelöffel Paprika
- 1/4 Teelöffel Selleriesalz
- 1 Teelöffel gemahlener Senf und Pfeffer
- 1 Tasse geriebener Käse
- 3 Eigelb, geschlagen
- 3 Eiweiß, geschlagen

ANWEISUNGEN:

a)   Gefrorene Jakobsmuscheln auftauen lassen. Eventuelle Schalenpartikel entfernen und waschen. Jakobsmuscheln hacken. Alle Zutaten außer Eiweiß vermischen; gut mischen. Eiweiß unterheben.

b)   In 6 gut gefettete, einzelne 10-Unzen-Aufläufe geben.

c)   Im mäßigen Ofen bei 180 °C 35 bis 40 Minuten backen oder bis das Fondue in der Mitte fest ist.

d)   Sofort servieren

12. Fondue für Kinder

Ergibt: 1 Portion

ZUTATEN:
- 1 Dose Käsesuppe
- 1 Dose Tomatensuppe
- 1 schöner langer, dicker Laib ungeschnittenes italienisches Brot
- Ein Warmhaltetablett

Richtungen
a) In einem Topf beide Suppendosen zusammen erhitzen und dabei 12 der auf den Dosen angegebenen Milch oder Wasser verwenden.
b) Fügen Sie mehr oder weniger hinzu, um eine dicke Konsistenz zu erreichen.
c) Zum Kochen bringen und dann auf köcheln lassen.
d) Während die Suppe erhitzt wird, schneiden Sie den Deckel vom Brotlaib ab und löffeln Sie das Innere heraus, sodass eine zentimeterdicke Schale entsteht.
e) Heizen Sie den Ofen vor, um das Brot aufzuwärmen.
f) Wärmen Sie die Warmhalteplatte auf, indem Sie sie einstecken.
g) Schneiden Sie die Ober- und Innenseite des Brotes in quadratische Würfel.
h) Wenn die Suppen heiß sind, legen Sie die Brotschale auf das Warmhalteblech und gießen Sie die Suppe hinein.
i) Stellen Sie den Kindern Gabeln zur Verfügung, mit denen sie Brotwürfel in die Suppenmischung tauchen können.

13. <u>Hummerfondue-Dip</u>

Ergibt: 1 Portion

ZUTATEN:
- 2 Esslöffel Butter oder Margarine
- 2 Tassen geriebener Cheddar-Käse
- ¼ Teelöffel rote Pfeffersauce
- ⅓ Tasse trockener Weißwein
- 5 Unzen Hummer, in kleine Stücke geschnitten

Richtungen
a) Butter in der Pfanne bei schwacher Hitze schmelzen. Nach und nach Käse hinzufügen und unterrühren, bis der Käse geschmolzen ist.
b) Rote Pfeffersauce hinzufügen; Fügen Sie langsam Wein hinzu und rühren Sie, bis die Mischung glatt ist. Hummer hinzufügen; rühren, bis es erhitzt ist.

14. Toblerone-Mousse-Fondue mit Baiser

Ergibt: 1 Portion

ZUTATEN:

- 7 Unzen Toblerone-Zartbitterschokolade
- ⅓ Tasse Sahne
- 3 Eiweiß
- ⅓ Tasse Zucker
- Erdbeeren
- Sternfrucht, in Scheiben geschnitten
- Kernlose rote und grüne Trauben
- Getrocknete Aprikosen

ANWEISUNGEN

a) In einer Metallschüssel, die über einem Topf mit kaum siedendem Wasser steht, die Schokolade mit der Sahne unter Rühren schmelzen, die Schüssel aus der Pfanne nehmen und die Mischung abkühlen lassen, während das Baiser zubereitet wird.

b) In einer anderen Metallschüssel das Eiweiß und den Zucker vermischen, die Schüssel über einen Topf mit heißem, aber nicht siedendem Wasser stellen und die Mischung rühren, bis sich der Zucker aufgelöst hat.

c) Schlagen Sie das Baiser mit einem Handmixer 5 Minuten lang oder bis es glänzende, steife Spitzen bildet und sich warm anfühlt.

d) Nehmen Sie die Schüssel aus der Pfanne und schlagen Sie das Baiser weiter, bis es abgekühlt ist. Geben Sie 1 Tasse Baiser in einen Spritzbeutel mit einer kleinen dekorativen Spitze, heben Sie das restliche Baiser vorsichtig, aber gründlich unter die Schokoladenmischung und verteilen Sie die Mousse auf sechs kleine Schüsseln.

e) Auf einem mit Backpapier oder Alufolie ausgelegten Backblech das restliche Baiser in 5 cm große Streifen spritzen und die Streifen in der Mitte eines vorgeheizten Ofens bei 300 °C backen. F. 15 Minuten im Ofen backen, oder bis sie leicht goldbraun sind.

f) Lassen Sie die Baiser auf dem Backblech abkühlen und schälen Sie sie vom Papier.

g) Die Baiser können 2 Tage im Voraus zubereitet und in einem luftdichten Behälter aufbewahrt werden. Servieren Sie die Baisers und die Früchte zum Dippen in das Mousse-Fondue.

15. Klassisches Käsefondue

Ergibt: 8 bis 10

ZUTATEN:
- Käsefondue wird am besten sofort gegessen, da es beim Abkühlen dicker wird.
- 1 Knoblauchzehe, der Länge nach halbiert
- 1˙ Tassen trockener Weißwein oder Apfelwein
- 1˙ Pfund verschiedene Käsesorten nach Schweizer Art, wie z
- Gruyère, Emmentaler und französisches Raclette, gerieben (ca. 9 Tassen)
- 2 Esslöffel Maisstärke
- 2 Esslöffel frisch gepresster Zitronensaft (ca. 1 Zitrone)
- Frisch geriebener Muskatnuss
- Frisch gemahlener weißer Pfeffer
- Verschiedene Beilagen zum Dippen

Richtungen
a) Reiben Sie die Innenseite eines Fonduetopfs gründlich mit den geschnittenen Seiten der Knoblauchhälften ein. Knoblauch wegwerfen. Wein oder Apfelwein in den Topf gießen und bei mittlerer bis niedriger Hitze erhitzen.

b) Wenn die Flüssigkeit zu sprudeln beginnt, fügen Sie eine Handvoll Käse hinzu und rühren Sie, bis er geschmolzen und vermischt ist.

c) In einer kleinen Schüssel Maisstärke mit Zitronensaft verquirlen, bis sich die Maisstärke auflöst. In die Käsemischung einrühren. Weiter schlagen, bis die Mischung glatt ist und leicht sprudelt (ca. 5 Minuten). Nach Belieben mit Muskatnuss und Pfeffer würzen.

d) Stellen Sie den Fonduetopf auf den Tisch und stellen Sie ihn über eine wärmende Kerze. Sofort mit verschiedenen Beilagen nach Wunsch servieren.

16. Spanisches Chorizo-Fondue

Ergibt: 8 bis 10

ZUTATEN:
- 1 Knoblauchzehe, der Länge nach halbiert
- 3 Unzen Chorizo-Wurst, gehackt
- 1 kleine rote Paprika, Rippen und Kerne entfernt, gehackt
- 1 Tasse plus 2 Esslöffel trockener Sherry oder Weißwein
- 1 Pfund verschiedener halbfester spanischer Käse, z. B. Manchego, gerieben
- 2 Esslöffel Maisstärke

Richtungen
a) Reiben Sie die Innenseite eines Fonduetopfs gründlich mit den geschnittenen Seiten der Knoblauchhälften ein. Knoblauch wegwerfen. Chorizo und Paprika in den Topf geben und bei mittlerer Hitze erhitzen. Unter Rühren 8 bis 10 Minuten kochen, bis der Pfeffer zart und die Chorizo knusprig und gebräunt ist.
b) Gießen Sie 1˙ Tassen Sherry in den Topf und reduzieren Sie die Hitze auf mittlere bis niedrige Stufe. Wenn die Flüssigkeit zu sprudeln beginnt, fügen Sie eine Handvoll Käse hinzu und rühren Sie, bis er geschmolzen und vermischt ist.
c) In einer kleinen Schüssel Maisstärke mit den restlichen 2 Esslöffeln Sherry verquirlen, bis sich die Maisstärke auflöst. In die Käsemischung einrühren. Weiter schlagen, bis die Mischung glatt ist und leicht sprudelt (ca. 5 Minuten).
d) Stellen Sie den Fonduetopf auf den Tisch und stellen Sie ihn über eine wärmende Kerze. Sofort mit verschiedenen Beilagen nach Wunsch servieren.

17. Schokoladenfondue

Ergibt: 10 bis 12

ZUTATEN:
- 1 Pfund halbsüße Schokolade
- 2 Tassen Sahne
- 1 Tasse plus 2 Esslöffel gehackte Nüsse
- Verschiedene Beilagen zum Dippen

Richtungen
a) Stellen Sie eine hitzebeständige Schüssel über einen Topf mit kaum siedendem Wasser. Schokolade und Sahne in einer Schüssel oder im Wasserbad vermischen.

b) Mit einem Holzlöffel gelegentlich umrühren, bis die Schokolade geschmolzen und die Mischung glatt ist. Nach Belieben Nüsse unterrühren.

c) In einen Fonduetopf geben und über eine wärmende Kerze stellen.

d) Sofort mit verschiedenen Beilagen nach Wunsch servieren.

18. Karamellfondue

Ergibt: 10 bis 12

ZUTATEN:
- 2 Tassen Zucker
- 1 Tasse Sahne
- 1 Vanilleschote, der Länge nach aufschneiden und das Mark auskratzen
- Verschiedene Beilagen zum Dippen

Richtungen

a) In einem schweren Topf Zucker und 1 Tasse Wasser vermischen. Bei mittlerer Hitze unter Rühren mit einem Holzlöffel kochen, bis sich der Zucker aufgelöst hat.

b) Abdeckung; Mischung zum Kochen bringen. Etwa eine Minute lang zugedeckt stehen lassen, damit das Kondenswasser in die Pfanne abfließen kann und sich keine Kristalle bilden (oder die Seiten der Pfanne mit einem feuchten Backpinsel abwaschen).

c) Erhöhen Sie die Hitze auf mittelhoch. Ohne Rühren kochen und in der Pfanne schwenken, bis die Mischung eine mittlere bis dunkle Bernsteinfarbe annimmt. Aus einer Entfernung von einer Armlänge vorsichtig Sahne hinzufügen (sie spritzt).

d) Vanilleschotensamen in die Pfanne geben und verrühren.

e) In einen Fonduetopf geben und über eine wärmende Kerze stellen. Sofort mit verschiedenen Beilagen nach Wunsch servieren.

19. Bier-Käse-Fondue

Ergibt: 4 Portionen

ZUTATEN:
- 1 Tasse Knoblauch, halbiert
- 8 Unzen Schweizer Käse, gerieben
- ¾ Tasse Bier
- 4 Unzen scharfer Cheddar, zerkleinert
- 1 Esslöffel Allzweckmehl
- Pfeffersoße

Richtungen
a) Reiben Sie die Innenseite eines schweren Topfes mit der Schnittfläche des Knoblauchs ein. Knoblauch wegwerfen.

b) Bier hinzufügen und langsam erhitzen. Käse mit Mehl bestreichen. Nach und nach unter ständigem Rühren zum Bier geben, bis die Mischung eingedickt ist und Blasen bildet. (Die Mischung nicht zu heiß werden lassen.) Peperonisauce unterrühren.

c) In den Fonduetopf geben; über den Fonduebrenner legen. Speerlöffel mit Fonduegabel; Tauchen Sie es in das Fondue und schwenken Sie es, um es zu bedecken.

20. Blauschimmelkäsefondue

Ergibt: 12 Portionen

ZUTATEN:
- 1 Packung (4 oz) Treasure Cave® Blauschimmelkäse, zerbröckelt
- ½ Tasse trockener Weißwein
- 1 Packung (8 oz) Frischkäse; gewürfelt
- 8 Unzen Monterey-Jack-Käse; gewürfelt
- 1 Esslöffel Kirsch (Kirschbrand)

Richtungen
a) Wein und Frischkäse erhitzen und umrühren, bis der Käse schmilzt. Fügen Sie unter ständigem Rühren nach und nach den Monterey-Jack-Käse hinzu. Blauschimmelkäse untermischen. Wenn alles glatt ist, Kirsch hinzufügen. Mit einem Löffel Baguette, frischem Obst oder Gemüse servieren.

21. Brottopf-Fondue

Ergibt: 1 Portionen

ZUTATEN:
- 1 Laib rundes Weiß- oder Pumpernickelbrot
- 2 Tassen geriebener scharfer oder milder Cheddar-Käse
- 2 Packungen 3-Unzen-Packungen Frischkäse, weich
- 1½ Tasse Sauerrahm
- 1 Tasse gekochter Schinken, klein gewürfelt oder grob gemahlen
- ½ Tasse Frühlingszwiebel, gehackt
- 4 Unzen Dose grüne Chilis, abgetropft und gehackt
- 1 Teelöffel Worcestershire-Sauce

Richtungen
a) Die Oberseite des Brotes abschneiden; Mitte aushöhlen, Halbschale übrig lassen.
b) Kombinieren Sie die Zutaten und geben Sie einen Löffel Füllung in den ausgehöhlten Laib und setzen Sie den Deckel wieder auf.
c) Wickeln Sie das Brot fest mit zwei oder drei Lagen robuster Aluminiumfolie ein. Auf ein Backblech legen und 1 Stunde und 10 Minuten bei 35 °F backen.
d) Aus dem Ofen nehmen; Auf den Teller legen. Vorsichtig umrühren. Mit rohem Gemüse und Crackern servieren.

22. Butterscotch-Fondue

Ergibt: 4 Portionen

ZUTATEN:
2 Unzen Butter
4 Unzen Demerara-Zucker
4 Esslöffel Goldener Sirup
14 Unzen Dose Kondensmilch
4 Esslöffel gehackte ungesalzene Erdnüsse
6 Teelöffel Maismehl
Apfel-, Birnen- und Bananenstücke und Popcorn zum Servieren
Methode:

Richtungen
a) Butter, Zucker und goldenen Sirup in einen Topf geben und vorsichtig erhitzen, bis die Mischung unter gelegentlichem Rühren Blasen zu bilden beginnt.
b) 1 Minute kochen lassen. Kondensmilch einrühren und 3-4 Minuten kochen lassen, bis die Sauce heiß ist und sprudelt, dann gehackte Nüsse hinzufügen.
c) In einer kleinen Schüssel Maismehl mit 2 Esslöffeln Wasser glatt rühren.
d) Die Mischung zur Sauce in die Pfanne geben und unter Rühren erhitzen, bis sie eindickt.
e) In einen Fonduetopf füllen und zum Warmhalten über einen Herd stellen. Mit Apfel-, Birnen- und Popcornstücken servieren.

23. Lagerfeuerfondue

Ergibt: 4 Portionen

ZUTATEN:
- 2 Tassen geriebener Cheddar ODER Schweizer Käse
- 2 Esslöffel Allzweckmehl
- ¼ Teelöffel Paprika
- 1 Dose Selleriecremesuppe
- ½ Tasse Bier oder Weißwein oder Wasser
- Käse, Mehl und Paprika vermischen.

Richtungen
a)   Suppe und Bier verrühren.
b)   Hitze. Bei schwacher Hitze den Käse hinzufügen und umrühren, bis er vollständig geschmolzen ist.
c)   Mit französischen Brotwürfeln servieren

24. Bonbon-Apfelfondue

Ergibt: 10 Portionen

ZUTATEN:
- 1 Packung Cremige Karamell-Zuckergussmischung
- Ungefähr 15 Unzen
- ½ Tasse Kondensmilch
- 2 Esslöffel Margarine
- Äpfel – entkernt und geschnitten
- Zuckergussmischung, Kondensmilch und Margarine in den Fonduetopf geben. Auf niedriger Stufe erhitzen und umrühren, um alles gut zu vermischen.

Richtungen
a) Schneiden Sie die Äpfel in Keile, um sie als Schöpflöffel zu verwenden.

25. Karamellfondue

Ergibt: 6 Portionen

ZUTATEN:
- 14 Unzen Packung Karamellbonbons
- ⅓ Tasse Wasser

Richtungen
a) Im Wasserbad schmelzen – häufig umrühren. Eine Prise Salz hinzufügen und in den Fonduetopf füllen.
b) Servieren Sie Apfelstücke, Marshmallows oder andere Früchte als Schöpflöffel. Nach dem Dippen gehackte Nüsse hineinrollen.

26. Karamell-Rum-Fondue

Ergibt: 12 Portionen

ZUTATEN:
- 7 Unzen Karamellbonbons
- ¼ Tasse Miniatur-Marshmallows
- ⅓ Tasse Schlagsahne
- 2 Teelöffel Rum oder 1/4 t Rumextrakt

Richtungen
a) Karamellbonbons und Sahne im Topf vermischen. Abdecken und 30 bis 60 Minuten erhitzen, bis es geschmolzen ist.
b) Marshmallows und Rum unterrühren. Abdecken und 30 Minuten weitergaren.
c) Mit Apfelspalten oder Rührkuchen servieren.

27. Cheddar-Fondue

Ergibt: 4 Portionen

ZUTATEN:
- 1 Pfund Cheddar-Käse; geschreddert
- 2 Esslöffel Mehl
- 1 Tasse Milch
- 1 Teelöffel Zwiebel; gerieben
- 1 Teelöffel Worcestershire-Sauce
- 1 Prise Cayennepfeffer
- Salz nach Geschmack

Richtungen
a) Geriebenen Käse und Mehl vermischen, bis der Käse gut bedeckt ist.
b) In einem Fonduetopf Milch und Zwiebeln erhitzen, bis sie nicht mehr ganz kochen. Den Käse nach und nach einrühren, dabei weiter erhitzen und rühren, bis der Käse vollständig geschmolzen ist.
c) Fügen Sie Worcestershire-Sauce und Cayennepfeffer hinzu und salzen Sie nach Geschmack. Über einem Alkoholbrenner heiß halten.
d) Mit französischen Brotwürfeln servieren.

28. Käse-Zwiebel-Fondue

Ergibt: 1 Portionen

ZUTATEN:
- 1 Unze Butter
- 1 große Zwiebel – fein gehackt
- 2 Teelöffel einfaches Mehl
- 5 Flüssigunzen dicke saure Sahne
- 8 Unzen Gruyère-Käse – gerieben
- 8 Unzen Cheddar-Käse – gerieben
- 1 Esslöffel Schnittlauch – gehackt
- Pfeffer
- kleine gekochte Kartoffeln – zum Servieren
- kleine Brühwürste – zum Servieren

Richtungen

a) Butter in einem Topf schmelzen, Zwiebel 4-5 Minuten kochen, bis sie weich ist. Mehl einrühren, dann Sahne hinzufügen und 2 Minuten kochen lassen. Weiter kochen, Käse hinzufügen und erhitzen, bis die Mischung glatt ist, dabei häufig umrühren.

b) Schnittlauch dazugeben und mit Pfeffer würzen. In einen Fonduetopf füllen und mit den Kartoffeln und Würstchen servieren.

29. Schokoladen-Butterscotch-Fondue

Ergibt: 1 Portionen

ZUTATEN:
- 14 Unzen gesüßte Kondensmilch
- 6 Unzen Butterscotch-Stücke
- 4 Quadrate ungesüßte Schokolade
- 7 Unzen Marshmallow-Fluff
- ½ Tasse Milch
- 1 Teelöffel Vanille
- ½ Tasse Kokosnuss; Optional

Richtungen
a) Alle Zutaten vermischen und bei schwacher Hitze rühren, bis Schokolade und Butterscotch schmelzen.

b) Fügen Sie Milch hinzu, wenn es zu dick wird.

c) Mit frischem Obst servieren. Erdbeeren, Apfel, Ananas, Bananen, Kirschen.

30. Schokoladen-Zimt-Fondue

Ergibt: 48 Portionen

ZUTATEN:
- ¼ Tasse Margarine
- 8 Unzen bittersüße Schokolade
- ¼ Tasse Mehl
- 2 Tassen leichter Maissirup
- ¼ Tasse Kahlua
- ½ Teelöffel Zimt

Richtungen

a) Margarine und Schokolade schmelzen. Mehl einrühren, bis es vermischt ist; 1 Minute unter Rühren kochen. Vom Herd nehmen, Zimt untermischen. In eine Fondueform gießen; warm halten.

b) Empfohlene Dips: Bananen, Erdbeeren, Orangen, fettarmer Rührkuchen.

31. Schokoladen-Fruchtfondue

Ergibt: 6 Portionen

● **ZUTATEN:**
● 1 Glas fettfreier Fudge
● Erdbeeren; Orangenstücke, Ananas oder getrocknete Aprikosen, Birnen, Ananas, Apfel, Banane,
● 6-Zoll-Kebab-Sticks aus Holz

Richtungen
a) Äpfel in Spalten und restliche Früchte in Stücke schneiden.
b) Dekorativ um einen Teller herum anordnen. Fudge-Sauce leicht erhitzen.
c) Geben Sie dann den Fudge in eine Schüssel in der Mitte des Obsttabletts. Mit Holzspießchen servieren,

32. Kakaofondue

Ergibt: 8 Portionen

ZUTATEN:
- ⅔ Tasse Trockener, ungesüßter Kakao
- ¼ Teelöffel Zimt
- 1 Tasse Magermilch
- ½ Teelöffel Vanille- oder Mandelextrakt
- ½ Tasse granulierter Weißzucker Twin

Richtungen
a) In einem schweren Topf Kakao, Zimt und Milch vermischen; Rühren oder verquirlen, bis keine trockenen Kakaoklumpen mehr vorhanden sind.

b) Umrühren und bei mittlerer Hitze kochen, bis die Mischung kocht. Hitze reduzieren; Unter häufigem Rühren 5 Minuten lang leicht kochen lassen oder bis die Mischung dick und glatt ist.

c) Etwas abkühlen lassen. Vanille und Sugar Twin einrühren.

d) In einen kleinen emaillierten Fonduetopf oder eine hitzebeständige Keramikschüssel füllen.

33. Krabbenfondue

Ergibt: 12 Portionen

ZUTATEN:
- 3 Dosen Krabbenfleisch
- 24 Unzen Frischkäse
- 2 Teelöffel zubereiteter Senf
- ⅔ Tasse Weißwein
- 1 kleine Zwiebel, gewürfelt
- 1 Teelöffel Puderzucker
- 1 Schuss Gewürzsalz
- ½ Tasse Mayonnaise
- 1 Laib französisches Brot, gewürfelt

Richtungen
a) Alle Zutaten außer dem Baguette in einer Pfanne vermischen. Bei schwacher Hitze rühren, bis der Käse schmilzt und alle Zutaten gut vermischt sind.
b) Auf kleiner Flamme servieren. Benutzen Sie die Brotwürfel als Schöpflöffel.

34. Kaltes Schokoladenfondue

Ergibt: 1 Portionen

ZUTATEN:
- 2 mittelgroße Sticks weiße Toblerone
- ½ Tasse Schlagsahne
- 1 Teelöffel getrocknete Chilischoten

Richtungen
a) Die Schokolade mit der Sahne über einem Wasserbad erwärmen und schmelzen. Ständig rühren. Das Chilipulver hinzufügen und verrühren, bis es gut verteilt ist. Lassen Sie es 30 Minuten lang sitzen und nachdenken. bei sehr schwacher Hitze. In die Servierschüssel gießen.

b) Mit Stücken weiß gefärbter Lebensmittel und Früchte wie Marshmallows, Pekannuss-Sandies, Birnen, Äpfeln, Jicama, Bananen usw. servieren. Achten Sie auf Variationen in der Textur.

c) Auf Wunsch kann die Schokolade auch leicht erwärmt serviert werden.

35. Knuspriges Camembert-Fondue

Ergibt: 6 Portionen

ZUTATEN:
- 12 1-Unzen-Portionen Camembert
- 2 Eier; geschlagen
- 4 Unzen getrocknete Semmelbrösel
- 2 Teelöffel Maismehl (Maisstärke)
- 8 Unzen Blaubeeren; aufgetaut, falls gefroren
- 1 Tasse Zucker
- 1 Prise frisch geriebene Muskatnuss
- 2 Teelöffel Zitronensaft
- 1 Zweig Minze; zum Garnieren

Richtungen
a) Die Camembertportionen 1 Stunde lang einfrieren. Tauchen Sie jede Käseportion in Ei und dann in Semmelbrösel. Portionsweise erneut in Ei und Semmelbröseln wenden. Auf einen Teller legen; kalt stellen, bis es benötigt wird.
b) Für die Blaubeersauce das Maismehl in einem Topf glatt rühren und mit Wasser vermischen. Die restlichen Zutaten hinzufügen und unter ständigem Rühren köcheln lassen, bis die Flüssigkeit eindickt. Warm servieren.
c) Die Camembert-Portionen werden in heißem Öl im Fonduetopf am Tisch gegart, wobei man sie, wenn möglich, mit chinesischen Drahtsieben aus dem Topf hebt (Fonduegabeln durchbohren die Kruste und Käse tritt aus).
d) Mit der Soße servieren. Mit einem Zweig Minze garnieren.

36. Curry-Käsefondue

Ergibt: 4 Portionen

ZUTATEN:
- 1 Knoblauchzehe, halbiert
- 5 Flüssigunzen trockener Weißwein
- 1 Teelöffel Zitronensaft
- 2 Teelöffel Currypaste
- 8 Unzen geriebener Gruyere-Käse
- 6 Unzen geriebener Cheddar-Käse
- 1 Teelöffel Maismehl
- 2 Esslöffel trockener Sherry
- Stücke Nan-Brot zum Servieren

Richtungen
a) Reiben Sie die Innenseite des Fonduetopfs mit einer geschnittenen Knoblauchzehe ein. Wein und Zitronensaft dazugeben und vorsichtig erhitzen, bis Blasen entstehen.

b) Reduzieren Sie die Hitze auf eine niedrige Stufe, fügen Sie Currypaste hinzu und rühren Sie nach und nach den geriebenen Käse unter. Dann unter häufigem Rühren weiter erhitzen, bis der Käse schmilzt.

c) In einer kleinen Schüssel das Maismehl mit dem Sherry glatt vermischen, dann in die Käsemischung einrühren und unter häufigem Rühren 2-3 Minuten lang weiterkochen, bis die Mischung dick und glatt ist. Fondue nicht kochen lassen. Mit Nan-Brotstücken servieren.

37. Cremiges Himbeerfondue

Ergibt: 6 Portionen

ZUTATEN:
- 4 Unzen Schlagsahnekäse; 1 Pkg
- 20 Unzen gefrorene Himbeeren; Aufgetaut (2 10-Unzen-Packungen)
- ¼ Tasse Maisstärke
- 2 Esslöffel Zucker
- ¼ Tasse Brandy

Richtungen
a) Lassen Sie den Frischkäse auf Zimmertemperatur kommen. In einem Topf die Himbeeren leicht zerdrücken.

b) Maisstärke und ½ Tasse Wasser vermischen und zu den Beeren geben. Kochen und rühren, bis es eingedickt und sprudelnd ist. Die Kerne sieben und entsorgen. In den Fonduetopf füllen und auf den Brenner stellen.

c) Den Frischkäse dazugeben und rühren, bis er geschmolzen ist. Den Zucker einrühren und nach und nach den Brandy hinzufügen. Obst- oder Kuchenwürfel mit der Fonduegabel aufspießen und darin eintauchen.

38. Dänisches Fondue

Ergibt: 4 Portionen

ZUTATEN:
- 6 Unzen magerer mittlerer Speck, Schwarte entfernt und fein gehackt
- 1 kleine Zwiebel, fein gehackt
- 3 Teelöffel Butter
- 3 Teelöffel einfaches Mehl
- 8 Flüssigunzen Lagerbier
- 8 Unzen geriebener Havarti-Käse
- 8 Unzen geriebener Samso-Käse
- Zum Servieren kleine süß-saure Gurken und helle Roggenbrotstücke servieren

Richtungen
a) Speck, Zwiebeln und Butter in einen Topf geben und kochen, bis der Speck goldbraun und die Zwiebeln weich sind.
b) Mehl einrühren, dann nach und nach Lagerbier hinzufügen und unter häufigem Rühren kochen, bis es eingedickt ist.
c) Fügen Sie unter ständigem Rühren den Käse hinzu und kochen Sie weiter, bis der Käse geschmolzen ist und die Mischung glatt ist.
d) In einen Fonduetopf füllen und mit Gewürzgurken und hellen Roggenbrotstücken servieren.

39. Eierlikörfondue

Ergibt: 6 Portionen

ZUTATEN:
- 2 Tassen Eierlikör
- 3 Esslöffel Maisstärke
- ¼ Tasse Cognac – oder Rum

Richtungen
a) Eierlikör in den Fonduetopf geben; Maisstärke mit ½ Unze Alkohol vermischen und unter den Eierlikör rühren.

b) Bei mittlerer Hitze unter Rühren kochen, bis die Mischung eingedickt ist.

c) Restliche Flüssigkeit hinzufügen. Halten Sie die Temperatur beim Servieren niedrig.

40. Feta-Ricotta-Fondue

Ergibt: 4 Portionen

ZUTATEN:
- 3 Esslöffel Butter oder Margarine
- 4 Unzen Feta-Käse 1/2 Zoll Würfel
- ⅛ Teelöffel Pfeffer, schwarz
- 1 Zitrone, Saft davon
- 1 Esslöffel Petersilie, gehackt
- 1 Tasse Ricotta-Käse

Richtungen
a) Die Butter in einer schweren 20-Zoll-Pfanne oder einem 1-Liter-Topf bei schwacher Hitze schmelzen.

b) Feta- und Ricottakäse sowie Pfeffer hinzufügen. Unter ständigem Rühren kochen und den Käse leicht zerdrücken, bis er weich wird und Blasen zu bilden beginnt – etwa 5 Minuten.

c) Zitronensaft einrühren und nach Belieben mit Petersilie garnieren. Sofort servieren; Wenn das Fondue abkühlt, verliert es an Geschmack.

41. Fondue pikant

Ergibt: 1 Portion

ZUTATEN:
- ¼ Tasse Olivenöl; Plus
- 2 Esslöffel Olivenöl
- 3 Esslöffel gehackte Zwiebeln
- 3 Esslöffel gehackte grüne Paprika
- 1 Esslöffel entkernt; gehackte Jalapenopfeffer
- 1 Esslöffel gehackter Knoblauch
- 1 Esslöffel gehackter frischer Thymian
- 1 Esslöffel gehackter frischer Oregano
- 1 Salz; schmecken
- 1 frisch gemahlener schwarzer Pfeffer; schmecken
- 1 Tasse geschält; entkernte, gehackte Tomaten
- 3 Lorbeerblätter
- 1 Bayou-Explosion
- 1 Prise zerstoßener roter Pfeffer
- 2 Tassen Hühnerbrühe
- 1 Esslöffel fein gehackte Petersilie

Richtungen
a) Erhitzen Sie 2 Esslöffel Öl in einem nicht reaktiven Topf bei starker Hitze.
b) Zwiebeln, grüne Paprika, Jalapenos, Knoblauch, Thymian und Oregano hinzufügen.
c) Mit Salz und Pfeffer würzen. 2 Minuten anbraten. Tomaten, Lorbeerblätter, eine Prise Bayou Blast, eine Prise zerstoßene rote Paprika und Brühe unterrühren. Mit Salz. Zum Kochen bringen und einige Minuten kochen lassen.
d) Die Hitze reduzieren und 20 Minuten köcheln lassen. Vom Herd nehmen.
e) Geben Sie die Mischung in einen Mixer und träufeln Sie bei laufendem Motor die restliche ¼ Tasse Öl hinein.
f) Zurück in den Topf gießen und die Petersilie unterrühren. Warm servieren.

42. Fondue Savoyarde

Ergibt: 6 Portionen

ZUTATEN:
- 12 Unzen Emmentaler; geschreddert
- 12 Unzen Beaufort-Käse; geschreddert
- 12 Unzen Tomme-Käse, gerieben
- 6 Gläser trockener Weißwein
- ½ Gallone Kirschlikör
- 1 Knoblauchzehe; geschält und zerkleinert
- Weißer Pfeffer (bis zu)
- 2 Brote französisches Brot; Vollkorn oder weiß
- 1 Ei

Richtungen
a) Am Tag vor oder am Morgen der Mahlzeit das Brot würfeln und an der frischen Luft etwas trocknen lassen.

b) Reiben Sie den Boden und die Seiten eines Tontopfes oder einer gusseisernen Kasserolle mit dem Knoblauch ein. Wein in einen Topf gießen und bei mittlerer bis hoher Hitze auf den Herd stellen.

c) Wein zum Kochen bringen, Käse hinzufügen und langsam mit einem Holzlöffel umrühren. Bevor der Käse vollständig geschmolzen ist, nehmen Sie den Topf vom Herd und stellen Sie ihn auf einen brennenden Fonduebrenner.

d) Mit Pfeffer würzen und unter Rühren Kirsch hinzufügen. Sobald der Käse vollständig geschmolzen ist. Mit Brot und Fonduegabeln servieren und gelegentlich umrühren. Wenn der Käse schnell Blasen wirft, reduzieren Sie die Hitze.

e) Wenn der Käse fast aufgebraucht ist (vielleicht noch eine ¾ Tasse übrig), schlagen Sie ein rohes Ei in den Topf und rühren Sie es schnell mit dem Käse um. Nach einer Minute das restliche Brot in den Topf geben und mit Käse und Ei verrühren. Dann schalten Sie den Brenner aus und genießen Sie, was übrig bleibt.

43. Ziegenkäsefondue auf Bauernbrot

Ergibt: 1 Portion

ZUTATEN:
- 3 kleine Cottins de Chavignol
- 3½ Pfund Greyerzer oder Schweizer Käse
- ¼ Tasse; plus 1 Esslöffel trockener Weißwein
- 1 Knoblauchzehe
- 1½ Esslöffel ungesalzene Butter
- 1½ Teelöffel starker Dijon-Senf
- 2 Esslöffel Marc de Bourgogne; Grappa oder Cognac
- 6 dicke Scheiben Landbrot
- 6 Zweige frisches Bohnenkraut oder Thymian
- Frisch gemahlener weißer Pfeffer

Richtungen

a) Entfernen Sie mit einem Schälmesser jeglichen Schimmel vom Ziegenkäse und hacken Sie ihn grob. Den Gruyère-Käse zerkleinern. Wein und Knoblauch in einen kleinen, schweren Topf geben. Bei schwacher Hitze zum Kochen bringen und auf die Hälfte reduzieren lassen. Den Ziegenkäse dazugeben und bei schwacher Hitze unter Rühren mit einem Holzlöffel schmelzen lassen.

b) Den Knoblauch entfernen. Den Greyerzer und die Butter dazugeben und bei schwacher Hitze rühren, bis der Käse geschmolzen und gut vermischt ist. Vom Herd nehmen und Senf und Trester unterrühren.

c) Heizen Sie den Grill vor. Einige Minuten vor dem Servieren die Brotscheiben auf ein Backblech legen und toasten. Aus dem Ofen nehmen und jede Scheibe sofort mit warmem Fondue bestreichen. Mit einem Zweig frischem Bohnenkraut oder Thymian garnieren und mit einer Prise frischem Pfeffer bestreuen.

44. Fudge-Milchschokoladenfondue

Ergibt: 4 Portionen

ZUTATEN:
- 1 Tasse Sirup mit Schokoladengeschmack
- ½ Liter Vollmilch
- 100 Gramm Zucker
- 1 Teelöffel Vanilleessenz; (5 ml.)
- Ein paar Scheiben Ananas; Äpfel, Birnen, Bananen usw. Zum Dippen

Richtungen
a) Bringen Sie die Milch in einem Topf mit dickem Boden zum Kochen. Reduzieren Sie die Hitze und rühren Sie bei schwacher Hitze weiter, bis die Menge auf 200 ml reduziert ist. Zucker hinzufügen und gut umrühren.

b) 10 Minuten köcheln lassen. Vom Herd nehmen. Zum Abkühlen beiseite stellen. In einem Topf den Schokoladensirup und die eingedickte Milch vermischen. Bei mittlerer Hitze unter ständigem Rühren 12 Minuten kochen lassen. Vanilleessenz einrühren.

c) Im Fondue-Servierer sprudelnd mit frisch geschnittenen Löffeln servieren.

45. Frucht-Rouge-Fondue

Ergibt: 6 Portionen

ZUTATEN:
- 2 Packungen gefrorene Erdbeeren –
- Aufgetaut
- 2 Esslöffel Maisstärke
- ¼ Tasse Orangenlikör

Richtungen
a) Erdbeeren und Maisstärke in den Mixbehälter geben. Abdecken und glatt rühren.
b) In den Fonduetopf füllen. Bei mittlerer Hitze unter gelegentlichem Rühren kochen, bis die Mischung kocht; Reduzieren Sie die Hitze auf eine niedrige Stufe und rühren Sie Orangenlikör ein.

46. Stachelbeerweinfondue

Ergibt: 4 Portionen

ZUTATEN:
- 1½ Pfund Stachelbeeren; gekrönt und geschwärzt
- 4 Unzen Kristallzucker
- ⅔ Tasse trockener Weißwein
- 2 Teelöffel Maismehl (Maisstärke)
- 2 Esslöffel einfache (helle) Sahne
- Brandy schnappt

Richtungen
a) Stachelbeeren mit Zucker und Wein in einen Topf geben. Köcheln lassen, bis es weich ist.
b) Ein paar Stachelbeeren zur Dekoration aufbewahren, den Rest durch ein Sieb passieren und ein Püree herstellen. In einem Fonduetopf Maismehl und Sahne glatt rühren. Stachelbeerpüree einrühren, dann erhitzen, bis es glatt und dickflüssig ist, dabei häufig umrühren. Mit beiseite gestellten Stachelbeeren dekorieren und mit Brandy Snaps servieren. (Ergibt:4)

47. Gouda-Fondue

Ergibt: 1 Portionen

ZUTATEN:
- 1 Knoblauchzehe, halbiert
- 1½ Tasse trockener Weißwein
- 4 Tassen geriebener Gouda-Käse
- 1 Teelöffel Dijon-Senf
- 1 Esslöffel Kartoffelmehl oder Maisstärke
- 2 Esslöffel Kirsch
- Frisch gemahlene Muskatnuss und Pfeffer
- 8 Scheiben (dickes) frisches Vollkornbrot oder französisches Brot, in mundgerechte Würfel geschnitten, ca

Richtungen
a) Reiben Sie die Innenseite einer schweren 2-Liter-Pfanne mit Knoblauch ein. (Ich verwende einfach meinen Fonduetopf – den gleichen wie den Serviertopf). Wein hinzufügen und bei mittlerer Hitze kochen, bis langsam Blasen an die Oberfläche steigen. In der Zwischenzeit in einer Schüssel Käse, Senf und Mehl leicht vermischen.

b) Die Käsemischung löffelweise in den Wein einrühren. Rühren Sie langsam weiter, bis die Mischung glatt ist (es sollte langsam Blasen bilden). Fügen Sie jeweils 1 EL Kirschwasser hinzu und lassen Sie das Fondue erneut köcheln (bei zu hoher Hitze kann sich das Fondue lösen).

c) Zum Servieren geben Sie das Fondue auf einen Chafing Dish über einem Alkoholbrenner oder auf einen Servierteller auf einem elektrischen Wärmer. Mit Muskatnuss und Pfeffer abschmecken.

d) Passen Sie die Hitze so an, dass das Fondue langsam weiter sprudelt. Bieten Sie Fonduegabeln oder Bambusspieße zum Aufspießen von Brot zum Dippen in Fondue an. Ergibt 4 Portionen Hauptgericht oder 10 bis 12 Portionen Vorspeise.

48. Honig-Knoblauch-Sauce für Fondue

Ergibt: 1 Portionen

ZUTATEN:
- ⅓ Tasse Honig
- 3 Esslöffel Sojasauce
- 1 Teelöffel Reiswein
- 1 Teelöffel Essig
- 1 Knoblauchzehe, sehr fein gehackt

Richtungen
a) Zutaten mischen; Zwei Minuten lang erhitzen, mittlere Hitze.

49. Israelisches Fondue

Ergibt: 4 Portionen

ZUTATEN:
- 2 Avocados, halbiert und entsteint
- 3 Teelöffel Zitronensaft
- 1 Knoblauchzehe, halbiert
- 6 Flüssigunzen trockener Weißwein
- 12 Unzen geriebener Edamer-Käse
- 2 Teelöffel Maismehl
- 5 Esslöffel Smetana oder dicker Sauerrahm
- Zum Servieren mit Sesam bestrichene Baguettewürfel und rote und grüne Paprika (Capsicum).

Richtungen
a) Das Fruchtfleisch der Avocados in eine Schüssel geben und mit Zitronensaft glatt pürieren. Reiben Sie die Innenseite des Fonduetopfs mit einer geschnittenen Knoblauchzehe ein, gießen Sie dann Wein hinein und erhitzen Sie ihn, bis er sprudelt.

b) Bei schwacher Hitze den Käse einrühren und unter häufigem Rühren köcheln lassen, bis er geschmolzen ist.

c) In einer kleinen Schüssel Maismehl mit Smetana oder Sauerrahm glatt rühren und dann mit den zerdrückten Avocados zur Käsemischung geben.

d) Unter häufigem Rühren 4–5 Minuten lang weiterkochen, bis die Masse dick und glatt ist. Mit Brotwürfeln und rotem und grünem Pfeffer servieren.

50. Jack-Käse-Fondue

Ergibt: 1 Portionen

ZUTATEN:
- 2 Tassen Milch
- 2 Tassen trockener Weißwein
- 2 Unzen Butter
- ¼ Tasse Mehl oder Buttermehlschwitze
- 3 Esslöffel Maisstärke
- ½ Esslöffel Worcestershire-Sauce
- ½ Esslöffel Tabasco-Sauce
- ½ Esslöffel schwarzer Pfeffer
- ½ Esslöffel Selleriesalz
- 1½ Pfund Hot Pepper Jack
- 1 Pfund Garlic Jack
- 2 Unzen Cheddar

Richtungen
a) Milch zum Kochen bringen; Mehl hinzufügen. Ständig rühren. Unter ständigem Rühren Wein und Maisstärke hinzufügen. Restliche Zutaten hinzufügen. Halten Sie die Hitze niedrig; kochen, bis der Käse schmilzt.

51. Kahlua-Fondue

Ergibt: 1 Portionen

ZUTATEN:
- 1 Esslöffel Butter
- 2 Quadrate halbsüßes Backen
- Schokolade
- ½ Tasse Kahlua

Richtungen
a) Zutaten zusammen schmelzen.
b) Gut vermischen. In Fondue/Chaffing Dish geben.
c) Mit Erdbeeren und Rührkuchenquadraten zum Dippen servieren.

52. Hummerfondue-Dip

Ergibt: 1 Portion

ZUTATEN:
- 2 Esslöffel Butter oder Margarine
- 2 Tassen geriebener scharfer Cheddar-Käse
- ¼ Teelöffel rote Pfeffersauce
- ⅓ Tasse trockener Weißwein
- 5 Unzen Hummer, in kleine Stücke geschnitten

Richtungen
a) Butter in der Pfanne bei schwacher Hitze schmelzen.
b) Nach und nach Käse hinzufügen und unterrühren, bis der Käse geschmolzen ist.
c) Rote Pfeffersauce hinzufügen; Fügen Sie langsam Wein hinzu und rühren Sie, bis die Mischung glatt ist.
d) Hummer hinzufügen; rühren, bis es erhitzt ist.

53. Mokka-Schokoladenfondue

Ergibt: 4 Portionen

ZUTATEN:
- 1 Esslöffel Butter
- 2 Quadrate Schokolade
- 1 Glas Marshmallow-Creme
- ⅓ Tasse Kaffeelikör
- Ungesüßte Schokolade

Richtungen
a) Butter, Schokolade und Marshmallow-Creme im Fonduetopf auf höchster Stufe schmelzen und gelegentlich umrühren.
b) Wenn alles gut vermischt ist, Kaffeelikör hinzufügen und gut umrühren.
c) Zum Servieren die Hitze auf niedrig reduzieren.

54. Monterey Jack Tequila-Fondue

Ergibt: 6 Portionen

ZUTATEN:
- 10 Unzen Hühnerbrühe
- ⅓ Tasse Tequila
- 1 Pfund Monterey-Jack-Käse, gerieben
- 1½ Esslöffel Maisstärke

Richtungen
a) Brühe und Tequila zum Kochen bringen. Hitze reduzieren und den geriebenen Käse hinzufügen und glatt rühren. Maisstärke einrühren und weiter kochen, bis eine dicke und sprudelnde Masse entsteht. In einen Fonduetopf füllen und bei schwacher Hitze erhitzen.

b) Mit Gemüsedippern und Salsa servieren.

55. Zwiebelsuppenfondue

Ergibt: 12 Portionen

ZUTATEN:
- ¾ Tasse ungesalzene Butter
- 5 große Zwiebeln; dünn geschnitten
- 8 Tassen Rinderbrühe
- 1 Teelöffel Hühnerbrühebasis
- Weißer Pfeffer
- 12 Unzen Jack-Käse
- Französisches oder Sauerteigbrot

Richtungen
a) Butter in einem großen Wasserkocher schmelzen, Zwiebeln hinzufügen und anbraten, bis sie transparent, aber nicht gebräunt sind. Rinderbrühe und Hühnerbrühe hinzufügen. Abdecken und 2 bis 3 Stunden köcheln lassen. Vom Herd nehmen und über Nacht oder mehrere Stunden im Kühlschrank lagern.

b) Gekühltes Oberflächenfett entsorgen. Nochmals erhitzen und mit weißem Pfeffer abschmecken.

c) Käse in 12 Scheiben schneiden. Rösten Sie 12 Brotscheiben leicht an und belegen Sie jede mit 1 Scheibe Jack-Käse. Die Suppe in einzelne ofenfeste Schüsseln füllen und mit einer Scheibe Brot und Käse belegen. Stellen Sie die Schüsseln unter den Grill, bis der Käse Blasen wirft und weich, aber nicht gebräunt ist.

56. Erdnussbutterfondue

Ergibt: 12 Portionen

ZUTATEN:
- 12 Unzen Erdnussbutter, knusprig
- 5 Unzen Milch, eingedampft
- 1 Tasse Zucker, braun; fest verpackt
- ¼ Tasse Margarine
- ⅛ Teelöffel Salz

Richtungen
a) Alle Zutaten vermischen und im Fonduetopf warm halten. Mit Apfelspalten und französischen Brotstücken servieren.

57. Pfefferminzfondue

Ergibt: 4 Portionen

ZUTATEN:
- 2½ Tasse einfache (helle) Sahne
- 1 Tasse Puderzucker
- 6 Teelöffel Maismehl (Maisstärke)
- Pfefferminzenessenz; schmecken
- Mini-Schokoladenkuchen

Richtungen
a) Sahne und Zucker in einen Topf geben und leicht erhitzen, bis es fast kocht.

b) Maismehl mit 1 Esslöffel Wasser glatt rühren, zur Sahne geben und unter ständigem Rühren weiter erhitzen, bis die Masse eingedickt ist.

c) Nach Belieben Essenz hinzufügen, dann in einen Fonduetopf gießen und heiß mit Mini-Schokoladenkuchen servieren.

58. Erdnussfondue

Ergibt: 3 Portionen

ZUTATEN:
- 1 Tasse glatte Erdnussbutter
- 1 Tasse helle Sahne
- ½ Tasse Honig

Richtungen
a) Erdnussbutter verrühren, helle Sahne unterrühren; dann Schatz. Apfelspalten hineingeben.

59. Pizza Fondue

Ergibt: 1 Portionen

ZUTATEN:
- 1 Pfund Rinderhackfleisch
- 1 gehackte Zwiebel
- 2 Dosen (13oz) Spaghettisauce
- 1 Esslöffel Maisstärke
- ½ Teelöffel Pfeffer
- ½ Teelöffel Basilikum
- 2 Teelöffel Oregano
- ½ Teelöffel Knoblauchpulver
- 2 Tassen geriebener Cheddar-Käse
- 1 Tasse geriebener Mozzarella
- 1 Pfund Laib französisches Brot

Richtungen
a) In einer großen Bratpfanne Rindfleisch und Zwiebeln anbraten, bis sie braun sind. Fett abtropfen lassen und Pfanne wieder erhitzen. In einer Schüssel die Soße mit Maisstärke, Pfeffer, Basilikum, Oregano und Knoblauchpulver vermischen. Gut umrühren und zum Fleisch geben.
b) Unter Rühren kochen, bis es eingedickt ist. Den Käse unterrühren, bis er geschmolzen ist. In eine 117-Zoll-Pfanne geben und gut umrühren. Brot in Würfel schneiden und in die Mischung tauchen.

60. Pub-Fondue

Ergibt: 8 Portionen

ZUTATEN:
- 1 Knoblauchzehe; halbiert
- 1¼ Tasse Bier
- 2 Tassen geriebener milder Cheddar-Käse
- 2 Tassen geriebener scharfer Cheddar-Käse; 1 Zoll dick
- 1 Esslöffel Allzweckmehl
- 1 Teelöffel trockener Senf
- Frisch gemahlener schwarzer Pfeffer; schmecken
- Würfel Vollkornbrot

Richtungen
a) Reiben Sie die Innenseite eines Fonduetopfs mit dem geschnittenen Knoblauch ein. Knoblauch wegwerfen.
b) Bier hinzufügen und erhitzen, bis es sprudelt. Geben Sie das Mehl und den trockenen Senf in einen Plastikbeutel. Käse dazugeben und vermengen, bis alles gut bedeckt ist. Reduzieren Sie die Hitze auf eine niedrige Stufe und fügen Sie den Käse langsam und portionsweise hinzu. Achten Sie darauf, dass die erste Portion geschmolzen ist, bevor Sie die nächste hinzufügen. Pfeffern.
c) Unter ständigem Rühren weiter erhitzen, bis die Mischung glatt ist. Mit Fonduegabeln und Vollkornbrotwürfeln servieren.

61. Himbeerfondue

Ergibt: 4 Portionen

ZUTATEN:
- 1 Pfund Himbeeren; aufgetaut, falls gefroren
- 4 Teelöffel Maismehl (Maisstärke)
- 1¼ Tasse einfache (helle) Sahne
- ⅓ Tasse Puderzucker (Konditor)
- 3 Esslöffel Framboise; wenn gewünscht
- 2 Eiweiß
- ⅔ Tasse Puderzucker (Konditor)

Richtungen
a) Himbeeren durch ein Sieb reiben und die Kerne entfernen. Lassen Sie das Püree auf einer Seite, während Sie die Baisers zubereiten.

b) Für schnelle Baiser heizen Sie den Ofen auf 320 °F vor. Ein Backblech mit Antihaftpapier auslegen.

c) Eiweiß und Puderzucker in eine Schüssel über einem Topf mit heißem Wasser geben und mit einem elektrischen Schneebesen verrühren, bis die Masse steif ist und Spitzen entstehen.

d) Geben Sie die Mischung in einen Spritzbeutel mit einer 1 cm großen Sterntülle und spritzen Sie kleine Tropfen auf das mit Backpapier ausgelegte Backblech. Im Ofen 10-15 Minuten backen, bis die Außenseite knusprig ist. Vor dem Entfernen vom Papier abkühlen lassen.

e) In einem Topf das Maismehl mit etwas Sahne glatt rühren.

f) Den Rest unterrühren und Zucker und Himbeerpüree hinzufügen. Bei schwacher Hitze kochen, bis es glatt und eingedickt ist. Nach Belieben die Framboise einrühren, dann in einen Fonduetopf gießen und mit kleinen Baisers servieren. Heiß oder kalt servieren.

62. Sherry-Schokoladenfondue

Ergibt: 1 Portionen

ZUTATEN:
● Vier 1-Unzen-Quadratmeter Ungesüßte Schokolade, in Stücke geschnitten
● 1 Tasse Kristallzucker
● ¾ Tasse Sherry
● 1 Teelöffel Vanilleextrakt
● ⅛ Teelöffel Salz

Richtungen
a) Die Schokoladenstücke, den Zucker, den Sherry, die Vanille und das Salz mit einem elektrischen Mixer bei hoher Geschwindigkeit glatt rühren.
b) In den Fonduetopf gießen; erhitzen und bei schwacher Hitze warm halten.
c) Die Soße wird beim Stehen dicker.

63. Zuckermaisfondue

Ergibt: 4 Portionen

ZUTATEN:
- 1 Pfund gefrorene Zuckermaiskörner
- 2 Teelöffel Maismehl
- 3 Esslöffel Sahne
- Salz und Pfeffer
- Ein paar Tropfen Tabasco-Sauce
- 1 Unze Butter
- Auswahl an gekochten Garnelen &
- Muscheln – zum Servieren

Richtungen

a) Zuckermais mit 2 EL Wasser in einen Topf geben und einige Minuten köcheln lassen, bis er weich ist. Abgießen und in einen Mixer geben. So lange verarbeiten, bis es weich, aber nicht zu glatt ist. In einem Topf Maismehl und Sahne glatt rühren. Die Maismischung dazugeben und bei schwacher Hitze glatt rühren.

b) Die Mischung in den Fonduetopf geben, mit Salz, Pfeffer und Tabasco-Sauce würzen und dann Butter unterrühren. Stellen Sie den Topf auf eine niedrige Herdplatte, um ihn warm zu halten.

c) Mit einer Auswahl an gekochten Schalentieren servieren.

64. <u>Toblerone-Fondue mit Baiser und Obst</u>

Ergibt: 1 Portion

ZUTATEN:
- 7 Unzen Toblerone-Zartbitterschokolade
- ⅓ Tasse Sahne
- 3 große Eiweiße
- ⅓ Tasse Zucker
- Erdbeeren
- Karambolen, in Scheiben geschnitten
- Kernlose rote und grüne Trauben
- Getrocknete Aprikosen

Richtungen

a) In einer Metallschüssel, die über einem Topf mit kaum siedendem Wasser steht, die Schokolade mit der Sahne unter Rühren schmelzen, die Schüssel aus der Pfanne nehmen und die Mischung abkühlen lassen, während das Baiser zubereitet wird. In einer anderen Metallschüssel das Eiweiß und den Zucker vermischen, die Schüssel über einen Topf mit heißem, aber nicht siedendem Wasser stellen und die Mischung rühren, bis sich der Zucker aufgelöst hat.

b) Schlagen Sie das Baiser mit einem Handmixer 5 Minuten lang oder bis es glänzende, steife Spitzen bildet und sich warm anfühlt. Nehmen Sie die Schüssel aus der Pfanne und schlagen Sie das Baiser weiter, bis es abgekühlt ist.

c) Geben Sie 1 Tasse Baiser in einen Spritzbeutel mit einer kleinen dekorativen Spitze, heben Sie das restliche Baiser vorsichtig, aber gründlich unter die Schokoladenmischung und verteilen Sie die Mousse auf sechs kleine Schüsseln.

d) Die Mousse kann 4 Stunden im Voraus zubereitet und abgedeckt bei Raumtemperatur aufbewahrt werden, oder sie kann 1 Tag im Voraus zubereitet, abgedeckt und gekühlt aufbewahrt und auf Raumtemperatur kommen gelassen werden.

e) Auf einem mit Backpapier oder Alufolie ausgelegten Backblech das restliche Baiser in 5 cm große Streifen spritzen und die Streifen in der Mitte eines vorgeheizten Ofens bei 300 °C backen. F. 15 Minuten im Ofen backen, oder bis sie leicht goldbraun sind.

f) Lassen Sie die Baiser auf dem Backblech abkühlen und schälen Sie sie vom Papier.

g) Die Baiser können 2 Tage im Voraus zubereitet und in einem luftdichten Behälter aufbewahrt werden. Servieren Sie die Baisers und die Früchte zum Dippen in das Mousse-Fondue.

65. Tomatenfondue

Ergibt: 4 Portionen

ZUTATEN:
- 2 Esslöffel gehackte Schalotten oder Frühlingszwiebeln
- 2 Esslöffel Butter
- 2½ Tassen, mehr oder weniger, frisches Tomatenmark, gehackt
- 4 Esslöffel oder mehr abgetropfte und entkernte Pflaumentomaten
- Salz und Pfeffer
- Frische Kräuter, wie frisches Basilikum und Petersilie, oder
- Estragon; oder getrocknete Kräuter

Richtungen
a) Kochen Sie die gehackten Schalotten oder Frühlingszwiebeln in Butter in einer kleinen Bratpfanne oder einem Topf ein oder zwei Minuten lang, ohne sie zu bräunen.
b) Dann die Tomate hinzufügen und bei mäßig hoher Hitze mehrere Minuten kochen, bis der Saft ausgetreten ist und das Tomatenmark so eingedickt ist, dass es in einem Löffel leicht seine Form behält.
c) Vorsichtig abschmecken. Kurz vor dem Servieren die Kräuter unterheben.

66. Toffee-Fondue

Ergibt: 1 Portionen

ZUTATEN:
- 1 Packung Kraftkaramellen (groß)
- ¼ Tasse Milch
- ¼ Tasse Starker schwarzer Kaffee
- ½ Tasse Milchschokoladenstückchen
- Apfelspalten
- Bananenstücke
- Marshmallows
- Angelfood-Kuchen, gewürfelt

Richtungen
a) Karamellbonbons, Milch, Kaffee und Schokoladenstückchen oben in den Wasserbad geben; Über kochendem Wasser unter Rühren kochen, bis es geschmolzen und vermischt ist.

b) In den Fonduetopf geben. Speerfrüchte, Marshmallows und Kuchen auf Fonduegabeln; ins Fondue tauchen.

67. Teriyaki-Fondue

Ergibt: 6 Portionen

ZUTATEN:
- 2 Pfund Filetsteak
- 3 Teelöffel Zucker, braun, hell
- ½ Tasse Sojasauce
- 1 kleiner Bok Choi, Kopf
- 8 Unzen frische Sojasprossen
- 1 Thai-Chili, entkernt und fein geschnitten
- 6 Esslöffel trockener Sherry
- 2 Knoblauchzehen; zerquetscht
- 1 Teelöffel Ingwer, gemahlen
- ½ Bund Frühlingszwiebeln; geschreddert
- 6 Esslöffel Sonnenblumenöl
- 1 Esslöffel Weinessig

Richtungen
a) Schneiden Sie das Steak in dünne Streifen mit einer Breite von ½ Zoll und einer Länge von 4 Zoll.
b) 1 Teelöffel Zucker und 2 Esslöffel Sojasauce in eine Schüssel geben und beiseite stellen. In einer großen Schüssel den restlichen Zucker und Sojasauce, Shaoxing, Knoblauch und Ingwer vermischen. Fleischstreifen hinzufügen und 1 Stunde marinieren lassen. Die Fleischstreifen auf 20–24 Bambusspieße stecken und im heißen Öl garen.
c) Um den Salat zuzubereiten, zerkleinern Sie den Pak Choi und geben ihn zusammen mit Sojasprossen, Chili und Frühlingszwiebeln in eine Schüssel. Öl zu Zucker und Sojasauce hinzufügen, dann Essig einrühren und über den Salat gießen. Leicht vermischen.

DIPS

68. Ziegelkäse-Dip

Ergibt: 2 Portionen

ZUTATEN:
- 3 Unzen Ricotta-Käse
- 3 Unzen frisch geriebener Ziegelkäse
- 3 Esslöffel frische Thymianblätter
- 6 Unzen Ziegenkäse
- 1 Unze Parmesan-Hartkäse, frisch gerieben
- 4 Streifen dick geschnittener Speck, gekocht und zerbröselt
- Salz und Pfeffer nach Geschmack

ANWEISUNGEN:
a) Bereiten Sie den Ofen zum Grillen vor.
b) Alle Zutaten in einer Auflaufform vermischen.
c) Streuen Sie den Parmesankäse über die Form.
d) Im vorgeheizten Ofen 5 Minuten backen oder bis der Käse anfängt zu bräunen und Blasen zu bilden.
e) Aus dem Ofen nehmen und sofort servieren.

69. Veganer Cannoli-Dip

Macht: 8

ZUTATEN:
- 3/4 Tasse Kokosmilch, Vollfett
- 8 Unzen veganer Frischkäse
- 1 TL Mandelextrakt, rein
- 3/4 Tasse Puderzucker
- 1/2 TL Vanilleextrakt
- 1 Tasse Mandeln, roh
- 2 Tassen Cashewnüsse, roh
- 2 EL Pistazien

ANWEISUNGEN:
a) Alle Zutaten vermischen.

70. Blauschimmelkäse- und Goudakäse-Dip

Ergibt: 2 Portionen

ZUTATEN:

- 2 Esslöffel ungesalzene Butter
- 1 Tasse süße Zwiebel, gewürfelt
- 2 Tassen Frischkäse, bei Zimmertemperatur
- ⅛ Teelöffel Salz
- ⅛ Teelöffel weißer Pfeffer
- ⅓ Tasse Montucky Cold Snacks
- 1 ½ Tassen gehacktes künstliches Hühnchen
- ½ Tasse Honigsenf, plus mehr zum Beträufeln
- 2 Esslöffel Ranch-Dressing
- 1 Tasse geriebener Cheddar-Käse
- 2 Tassen Gouda-Käse, gerieben
- 2 Esslöffel Blauschimmelkäse-Dressing
- ⅓ Tasse zerbröckelter Blauschimmelkäse, plus mehr zum Bestreuen
- ¾ Tasse Honig-BBQ-Sauce, plus etwas mehr zum Beträufeln

ANWEISUNGEN:

a) In einer großen Pfanne die Butter bei schwacher Hitze schmelzen.

b) Die gewürfelten Zwiebeln unterrühren und mit Salz und Pfeffer würzen.

c) 5 Minuten kochen lassen oder bis es leicht weich ist.

d) Unter häufigem Rühren kochen, bis die Zwiebeln karamellisieren, etwa 25 bis 30 Minuten.

e) Heizen Sie den Ofen auf 375° F vor.

f) Beschichten Sie eine 9-Zoll-Auflaufform mit Antihaft-Kochspray.

g) Den Frischkäse, den gesamten Käse, die BBQ-Sauce, den Honigsenf, das Ranch-Dressing und den Blauschimmelkäse in einer großen Rührschüssel vermischen.

h) Fügen Sie die karamellisierten Zwiebeln und das künstliche Hühnchen hinzu.

i) Den Teig in eine Auflaufform geben.

j) Mit dem restlichen Käse garnieren.

k) Backen Sie den Dip 20–25 Minuten lang oder bis er goldbraun ist.

l) Sofort servieren.

71. Pub-Käse-Dip

Ergibt: 2 Portionen

ZUTATEN:
- 3 Esslöffel grob gehackte, eingelegte Jalapenopfeffer
- 1 Tasse Apfelwein
- ⅛ Teelöffel gemahlener roter Pfeffer
- 2 Tassen geriebener extra scharfer, gelber Cheddar-Käse
- 2 Tassen geriebener Colby-Käse
- 2 Esslöffel Maisstärke
- 1 Esslöffel Dijon-Senf
- 60 Cracker

ANWEISUNGEN:
- In einer mittelgroßen Rührschüssel Cheddar-Käse, Colby-Käse und Maisstärke vermischen. Beiseite stellen.
- In einem mittelgroßen Topf Apfelwein und Senf vermischen.
- Bei mittlerer bis hoher Hitze kochen, bis es kocht.
- Die Käsemischung nach und nach langsam unterrühren, bis eine glatte Masse entsteht.
- Schalten Sie die Heizung aus.
- Jalapeno und rote Paprika unterrühren.
- Geben Sie die Mischung in einen 1-Liter-Slowcooker oder Fonduetopf.
- Bei schwacher Hitze warm halten.
- Zusammen mit Crackern servieren.

72. Scharfer Mais-Dip

Ergibt: 6 Portionen

ZUTATEN:
- 1 Esslöffel natives Olivenöl extra
- ½ Pfund scharfe italienische Wurst
- 1 mittelgroße rote Zwiebel, gewürfelt
- 1 große rote Paprika, gewürfelt
- 1 Tasse Sauerrahm
- 4 Unzen Frischkäse, bei Zimmertemperatur
- 4 Tassen gefrorener Mais, aufgetaut
- ½ Tasse gehackte Frühlingszwiebeln
- 1 großer Jalapeño, gewürfelt
- 4 Knoblauchzehen, gehackt
- 1 Esslöffel gehackter Koriander
- 2 Teelöffel kreolisches Gewürz
- 1 Teelöffel gemahlener schwarzer Pfeffer
- 1 Tasse geriebener scharfer Cheddar-Käse, geteilt
- 1 Tasse geriebener Colby-Jack-Käse, geteilt
- Pflanzenöl zum Einfetten

ANWEISUNGEN:
a) Heizen Sie den Ofen auf 350 Grad F vor.

b) In einer großen Pfanne bei mittlerer Hitze das Öl erhitzen. Die italienische Wurst dazugeben und kochen, bis sie braun wird. Zwiebeln und Paprika dazugeben. Kochen, bis sie weich sind.

c) Sauerrahm und Frischkäse hinzufügen. Rühren, bis alles gut vermischt ist, dann Mais, Frühlingszwiebel, Jalapeño, Knoblauch und Koriander hinzufügen. Rühren Sie die Zutaten weiter um, bis alles gut vermischt ist. Streuen Sie das kreolische Gewürz, schwarzen Pfeffer, ½ Tasse Cheddar und ½ Tasse Colby-Jack-Käse darüber. Gut mischen.

d) Eine Auflaufform leicht einfetten und dann die Maismischung hineingeben. Mit dem restlichen Käse belegen und ohne Deckel 20 Minuten backen. Vor dem Servieren leicht abkühlen lassen.

73. Low-Carb-Pfannen-Pizza-Dip

Ergibt: 1 Portion

ZUTATEN:
- 6 Unzen. Frischkäse aus der Mikrowelle
- 1/4 Tasse Sauerrahm
- 1/2 Tasse Mozzarella-Käse, gerieben
- Salz und Pfeffer nach Geschmack
- 1/4 Tasse Mayonnaise
- 1/2 Tasse Mozzarella-Käse, gerieben
- 1/2 Tasse kohlenhydratarme Tomatensauce
- 1/4 Tasse Parmesankäse

ANWEISUNGEN:
a)   Heizen Sie den Ofen auf 350 Grad Fahrenheit vor.
b)   Frischkäse, Sauerrahm, Mayonnaise, Mozzarella, Salz und Pfeffer vermischen.
c)   In Auflaufförmchen füllen und Tomatensauce sowie Mozzarella- und Parmesankäse darüber verteilen.
d)   Belegen Sie Ihre Pfannen-Pizza-Dips mit Ihren Lieblingsbelägen.
e)   20 Minuten backen.
f)   Servieren Sie es zusammen mit leckeren Grissini oder Schweineschwarten!

74. Krabben-Rangoon-Dip

ZUTATEN:

- 1 (8 Unzen) Packung Frischkäse, auf Raumtemperatur aufgeweicht
- 2 Esslöffel Olivenöl-Mayonnaise
- 1 Esslöffel frisch gepresster Zitronensaft
- 1/2 Teelöffel Meersalz
- 1/4 Teelöffel schwarzer Pfeffer
- 2 Knoblauchzehen, gehackt
- 2 mittelgroße Frühlingszwiebeln, gewürfelt
- 1/2 Tasse geriebener Parmesankäse
- 4 Unzen (ca. 1/2 Tasse) weißes Krabbenfleisch aus der Dose

ANWEISUNGEN:

a) Ofen auf 350°F vorheizen.

b) Mischen Sie in einer mittelgroßen Schüssel Frischkäse, Mayonnaise, Zitronensaft, Salz und Pfeffer mit einem Stabmixer, bis alles gut vermischt ist.

c) Knoblauch, Zwiebeln, Parmesankäse und Krabbenfleisch hinzufügen und mit einem Spatel unter die Mischung heben.

d) Die Mischung in einen ofenfesten Topf geben und gleichmäßig verteilen.

e) 30–35 Minuten backen, bis die Oberseite des Dips leicht gebräunt ist. Warm servieren.

75. Ziegenkäse-Guacamole

Macht: 4-6

ZUTATEN:
- 2 Avocados
- 3 Unzen Ziegenkäse
- Schale von 2 Limetten
- Zitronensaft von 2 Limetten
- ¾ Teelöffel Knoblauchpulver
- ¾ Teelöffel Zwiebelpulver
- ½ Teelöffel Salz
- ¼ Teelöffel rote Paprikaflocken (optional)
- ¼ Teelöffel Pfeffer

ANWEISUNGEN:
- Avocados in eine Küchenmaschine geben und glatt rühren. Die restlichen ZUTATEN hinzufügen und vermischen, bis alles eingearbeitet ist.
- Mit Pommes servieren.

76. Bayerischer Party-Dip/Aufstrich

Ergibt: 1 1/4 Pfund

ZUTATEN:
- ½ Tasse Zwiebeln, gehackt
- 1 Pfund Braunschweiger
- 3 Unzen Frischkäse
- ¼ Teelöffel schwarzer Pfeffer

ANWEISUNGEN:
a) Die Zwiebeln 8–10 Minuten anbraten, dabei häufig umrühren; Vom Herd nehmen und abtropfen lassen. Vom Braunschweiger die Hülle entfernen und das Fleisch mit dem Frischkäse glatt rühren. Zwiebeln und Pfeffer untermischen.

b) Servieren Sie es als Leberaufstrich auf Crackern, dünn geschnittenem Partyroggen oder als Dip zu verschiedenen frischen rohen Gemüsesorten wie Karotten, Sellerie, Brokkoli, Radieschen, Blumenkohl oder Kirschtomaten.

77. Gebackener Artischocken-Party-Dip

ZUTATEN:

- 1 Laib großes dunkles Roggenbrot
- 2 Esslöffel Butter
- 1 Bund Frühlingszwiebeln; gehackt
- 6 frische Knoblauchzehen; fein gehackt, bis zu 8
- 8 Unzen Frischkäse; bei Zimmertemp.
- 16 Unzen Sauerrahm
- 12 Unzen geriebener Cheddar-Käse
- 1 Dose (14 oz.) Artischockenherzen; abtropfen lassen und vierteln

ANWEISUNGEN:

● Schneiden Sie oben in den Brotlaib ein Loch mit einem Durchmesser von etwa 5 Zoll. Weiches Brot aus der geschnittenen Portion nehmen und wegwerfen. Die Kruste als Deckel für den Laib aufbewahren.

● Nehmen Sie den größten Teil des weichen Innenteils des Laibs heraus und bewahren Sie ihn für andere Zwecke auf, beispielsweise zum Füllen oder als getrocknete Semmelbrösel. In der Butter,

● Die Frühlingszwiebeln und den Knoblauch anbraten, bis die Zwiebeln zusammenfallen. Den Frischkäse in kleine Stücke schneiden, Zwiebeln, Knoblauch, Sauerrahm und Cheddar-Käse hinzufügen. Gut mischen. Artischockenherzen unterheben, die gesamte Mischung in ausgehöhlte Brote füllen. Legen Sie die Oberseite auf das Brot und wickeln Sie es in eine robuste Aluminiumfolie ein. Im auf 350 Grad vorgeheizten Ofen 1½ Stunden backen.

● Wenn es fertig ist, entfernen Sie die Folie und servieren Sie es, indem Sie die Soße mit Cocktail-Roggenbrot eintauchen.

77. Buffalo Chicken Dip

ZUTATEN:

- 1 (8 Unzen) Packung Frischkäse
- 1/2 Tasse Frank's Red-Hot Sauce
- 1/4 Tasse vollfette Kokosmilch aus der Dose
- 11/2 Tassen zerkleinertes gekochtes Hühnchen
- 3/4 Tasse geriebener Mozzarella-Käse, geteilt
- 1/2 Tasse Blauschimmelkäse-Streusel

ANWEISUNGEN:

a) Frischkäse in einen mittelgroßen Topf geben und bei mittlerer bis niedriger Hitze erhitzen, bis er geschmolzen ist. Scharfe Soße und Kokosmilch einrühren.

b) Wenn alles gut vermischt ist, fügen Sie das Huhn hinzu, bis es durchgewärmt ist.

c) Vom Herd nehmen und 1/2 Tasse Mozzarella-Käse und Blauschimmelkäse-Streusel unterrühren.

d) In eine 20 x 20 cm große Auflaufform geben und den restlichen Mozzarella-Käse darüber streuen. 15 Minuten backen oder bis der Käse Blasen bildet. Warm servieren.

78. Ranch-Dip

ZUTATEN:

- 1 Tasse Mayonnaise
- 1/2 Tasse griechischer Naturjoghurt
- 11/2 Teelöffel getrockneter Schnittlauch
- 11/2 Teelöffel getrocknete Petersilie
- 11/2 Teelöffel getrockneter Dill
- 3/4 Teelöffel granulierter Knoblauch
- 3/4 Teelöffel granulierte Zwiebel
- 1/2 Teelöffel Salz
- 1/4 Teelöffel schwarzer Pfeffer

ANWEISUNGEN:

a) Alle Zutaten in einer kleinen Schüssel vermischen.

b) Vor dem Servieren 30 Minuten im Kühlschrank ruhen lassen.

79. Würziger Garnelen-Käse-Dip

ZUTATEN:

- 2 Scheiben Speck ohne Zuckerzusatz
- 2 mittelgroße gelbe Zwiebeln, geschält und gewürfelt
- 2 Knoblauchzehen, gehackt
- 1 Tasse Popcorn-Garnelen (nicht die panierte Sorte), gekocht
- 1 mittelgroße Tomate, gewürfelt
- 3 Tassen geriebener Monterey-Jack-Käse
- 1/4 Teelöffel Frank's Red-Hot-Sauce
- 1/4 Teelöffel Cayennepfeffer
- 1/4 Teelöffel schwarzer Pfeffer

ANWEISUNGEN:

- Den Speck in einer mittelgroßen Pfanne bei mittlerer Hitze etwa 5–10 Minuten lang knusprig braten. Fett in der Pfanne aufbewahren. Legen Sie den Speck zum Abkühlen auf ein Papiertuch. Wenn der Speck abgekühlt ist, zerbröckeln Sie ihn mit den Fingern.
- Geben Sie die Zwiebel und den Knoblauch zu den Speckfetten in der Pfanne und braten Sie sie bei mittlerer bis niedriger Hitze etwa 10 Minuten lang an, bis sie weich sind und duften.
- Alle Zutaten in einem Slow Cooker vermischen; gut umrühren. Zugedeckt auf niedriger Stufe 1–2 Stunden garen oder bis der Käse vollständig geschmolzen ist.

80. Knoblauch-Speck-Dip

ZUTATEN:

- 8 Scheiben Speck ohne Zuckerzusatz
- 2 Tassen gehackter Spinat
- 1 (8 Unzen) Packung Frischkäse, weich
- 1/4 Tasse vollfette saure Sahne
- 1/4 Tasse griechischer Naturjoghurt mit vollem Fettgehalt
- 2 Esslöffel gehackte frische Petersilie
- 1 Esslöffel Zitronensaft
- 6 geröstete Knoblauchzehen, zerdrückt
- 1 Teelöffel Salz
- 1/2 Teelöffel schwarzer Pfeffer
- 1/2 Tasse geriebener Parmesankäse

ANWEISUNGEN:

- Ofen auf 350°F vorheizen.
- Speck in einer mittelgroßen Pfanne bei mittlerer Hitze knusprig braten. Den Speck aus der Pfanne nehmen und auf einem mit Papiertüchern ausgelegten Teller beiseite stellen.
- Den Spinat in die heiße Pfanne geben und kochen, bis er zusammenfällt. Vom Herd nehmen und beiseite stellen.
- In eine mittelgroße Schüssel Frischkäse, Sauerrahm, Joghurt, Petersilie, Zitronensaft, Knoblauch, Salz und Pfeffer geben und mit einem Handmixer verrühren, bis alles gut vermischt ist.
- Speck grob hacken und unter die Frischkäsemischung rühren. Spinat und Parmesankäse unterrühren.
- In eine 8 x 8 Zoll große Backform geben und 30 Minuten backen, bis es heiß und sprudelnd ist.

81. Cremiger Ziegenkäse-Pesto-Dip

ZUTATEN:
- 2 Tassen verpackte frische Basilikumblätter
- ½ Tasse geriebener Parmesankäse
- 8 Unzen Ziegenkäse
- 1–2 Teelöffel gehackter Knoblauch
- ½ Teelöffel Salz
- ½ Tasse Olivenöl

ANWEISUNGEN:
- Basilikum, Käse, Knoblauch und Salz in einer Küchenmaschine oder einem Mixer glatt rühren. Olivenöl in gleichmäßigen Mengen hinzufügen und verrühren, bis alles gut vermischt ist.
- Sofort servieren oder im Kühlschrank aufbewahren.

82. Heiße Pizza Super Dip

ZUTATEN:

- Weicher Frischkäse
- Mayonnaise
- Mozzarella Käse
- Basilikum
- Oregano
- Knoblauchpulver
- Peperoni
- Schwarze Oliven
- Grüne Paprika

ANWEISUNGEN:

a) Mischen Sie Ihren weichen Frischkäse, Mayonnaise und etwas Mozzarella-Käse unter. Eine Prise Basilikum, Oregano, Petersilie und Knoblauchpulver hinzufügen und verrühren, bis alles gut vermischt ist.

b) Füllen Sie es auf Ihren tiefen Tortenteller und verteilen Sie es in einer gleichmäßigen Schicht.

c) Verteilen Sie Ihre Pizzasauce darauf und fügen Sie Ihre bevorzugten Toppings hinzu. Für dieses Beispiel fügen wir Mozzarella-Käse, Peperoni, schwarze Oliven und grüne Paprika hinzu. 20 Minuten bei 350 °C backen.

83. Gebackener Spinat-Artischocken-Dip

ZUTATEN:
a)   14 oz Dose unmarinierte Artischockenherzen, abgetropft und grob gehackt
b)   10 Unzen gefrorener, gehackter Spinat, aufgetaut
c)   1 Tasse echte Mayonnaise
d)   1 Tasse geriebener Parmesankäse
e)   1 Knoblauchzehe gepresst

ANWEISUNGEN:
● Tauen Sie den gefrorenen Spinat auf und drücken Sie ihn dann mit den Händen trocken.
● Zusammenrühren: abgetropfte und gehackte Artischocke, gepresster Spinat, 1 Tasse Mayonnaise, 3/4 Tasse Parmesankäse, 1 gepresste Knoblauchzehe und in eine 1-Liter-Auflaufform oder eine Kuchenform geben. Den restlichen 1/4 Tasse Parmesankäse darüberstreuen.
● Ohne Deckel 25 Minuten bei 350 °F backen oder bis es durchgeheizt ist. Mit Ihren Lieblings-Crostini, Chips oder Crackern servieren.

84. <u>Artischocken-Dip</u>

MACHT8

ZUTATEN:
- 2 Tassen Artischockenherzen, gehackt
- 1 Tasse Mayonnaise oder leichte Mayonnaise
- 1 Tasse geriebener Parmesan

ANWEISUNGEN:
a) Alle Zutaten vermischen und die Mischung in eine gefettete Auflaufform geben. 30 Minuten bei 350 °F backen.
b) Backen Sie den Dip, bis er leicht gebräunt ist und oben Blasen bildet.

85. Cremiger Artischocken-Dip

ZUTATEN:

- 2 x 8 oz. Packungen Frischkäse, Zimmertemperatur
- 1/3 Tasse Sauerrahm
- 1/4 Tasse Mayonnaise
- 1 Esslöffel Zitronensaft
- 1 Esslöffel Dijon-Senf
- 1 Knoblauchzehe
- 1 Teelöffel Worcestershire-Sauce
- 1/2 Teelöffel scharfe Pfeffersauce
- 3 x 6 Unzen. Gläser marinierte Artischockenherzen, abgetropft und gehackt
- 1 Tasse geriebener Mozzarella-Käse
- 3 Frühlingszwiebeln
- 2 Teelöffel gehackter Jalapeño

ANWEISUNGEN:

- Mit einem Elektromixer die ersten 8 ZUTATEN in einer großen Schüssel verrühren, bis alles gut vermischt ist. Artischocken, Mozzarella, Frühlingszwiebeln und Jalapeño unterheben.
- In eine Auflaufform geben.
- Heizen Sie den Ofen auf 400 °F vor.
- Den Dip ca. 20 Minuten backen, bis er sprudelt und oben braun wird.

86. Hühnerleberpastete

ZUTATEN:

- 1 mittelgroße Zwiebel
- 500 gr Hühnerleber
- 3 Knoblauchzehen
- 100 gr Butter (oder Schweinefett)
- 1 Teelöffel getrockneter Thymian
- 1/2 Teelöffel schwarzer Pfeffer
- 1/2 Teelöffel Salz

ANWEISUNGEN:

a)   Die Zwiebel hacken und mit etwas Butter in eine Pfanne geben und vorsichtig anbraten, bis die Zwiebel glasig, aber nicht gebräunt ist. Fügen Sie die Hühnerleber und den geschnittenen Knoblauch, Thymian, Pfeffer und Salz hinzu. Weiter sanft braten, bis die Leber gerade gar ist.

b)   Sobald die Lebern gar sind, die Butter hinzufügen.

c)   Die gekochte Lebermischung in einen Mixer/eine Küchenmaschine/einen Stabmixer geben und auf die gewünschte Konsistenz pürieren. Zum Abkühlen in eine Schüssel füllen und nach dem ersten Abkühlen in eine Servierschüssel geben und im Kühlschrank aufbewahren.

d)   Nach Belieben mit ein paar gebratenen Knoblauchsplittern, einer Prise Olivenöl und Lorbeerblättern dekorieren.

87. Erbsen-Minz-Dip

ZUTATEN:

- 250 g getrocknete grüne Erbsen (1/2 Packung)
- 1/2 Zwiebel fein gehackt
- 1/2 Gemüsebrühwürfel
- Getrocknete Minze Etwa 3 Teelöffel
- Olivenöl
- Salz nach Geschmack

ANWEISUNGEN:

a) Geben Sie die getrockneten grünen Erbsen in einen Topf, waschen Sie sie, um sicherzustellen, dass sich keine Schalen bilden, und entfernen Sie alle schwimmenden Erbsen. Bedecken Sie die Erbsen mit etwa einem halben Zoll Wasser, fügen Sie den Brühwürfel und die Zwiebel hinzu und lassen Sie sie dann etwa 30 bis 40 Minuten auf dem Herd köcheln, bis die Erbsen weich sind.

b) Sobald die Erbsen weich sind, fügen Sie etwas getrocknete Minze hinzu und lassen Sie die Mischung noch etwas köcheln, damit sie etwas austrocknet.

c) Die Erbsen in der restlichen Kochflüssigkeit zerdrücken. und fügen Sie beim Zerstampfen ein paar gute Spritzer Olivenöl hinzu. Wenn Sie die gewünschte Konsistenz erreicht haben, probieren Sie den Dip und fügen Sie bei Bedarf noch mehr getrocknete Minze hinzu.

88. Schneller und einfacher Dip

ZUTATEN:

- 100 Gramm weicher Frischkäse
- 2 Esslöffel Mayonnaise
- 1 Esslöffel Zitronen- oder Limettensaft
- Eine halbe Frühlingszwiebel
- Süße Chilisauce darüber träufeln
- Knoblauch nach Geschmack
- Cheddar oder Blauschimmelkäse
- Kraut Ihrer Wahl

ANWEISUNGEN:

a) Alles in eine Schüssel geben und vermischen.

b) Abschmecken und die Mengen der Zutaten nach Wunsch anpassen, dann in eine Servierschüssel geben und mit der süßen Chilisauce beträufeln.

89. Dill-Frischkäse-Dip

Ergibt: 4 bis 6 Portionen

ZUTATEN:
- 1 Tasse Sojajoghurt
- 4 Unzen Frischkäse
- 1 Esslöffel Zitronensaft
- 2 Esslöffel getrockneter Schnittlauch
- 2 Esslöffel getrocknetes Dillkraut
- 1/2 Teelöffel Meersalz
- Prise Pfeffer

ANWEISUNGEN:
a)   Alles pürieren und mindestens eine Stunde kühl stellen.
ERNÄHRUNG: Kalorien 120| Fett 9 g (gesättigt 2 g) | Cholesterin 0 mg| Natrium 435 mg| Kohlenhydrate 9g| Ballaststoffe 1g| Protein 3g.

90. Wildreis-Chili-Dip

Ergibt: 4 bis 6 Portionen

ZUTATEN:

- 12 Unzen gekochte Linsen
- 1/4 Tasse hefefreie Gemüsebrühe
- 1/4 Tasse gehackte grüne Paprika
- 1/2 Knoblauchzehe, gepresst
- 1 Tasse gewürfelte Tomaten
- 1/4 Tasse gehackte Zwiebel
- 2 Unzen Frischkäse
- 1/2 Esslöffel Chilipulver
- 1/2 Teelöffel Kreuzkümmel
- 1/4 Teelöffel Meersalz
- Prise Paprika
- 1/2 Tasse gekochter Wildreis

ANWEISUNGEN:

a)   In einem kleinen Topf die Linsen und die Gemüsebrühe kochen.

b)   Zwiebeln, Paprika, Knoblauch und Tomaten hinzufügen und 8 Minuten bei mittlerer Hitze kochen.

c)   In einem Mixer Frischkäse, Chilipulver, Kreuzkümmel und Meersalz glatt rühren.

d)   Den Reis, die Frischkäsemischung und die Linsengemüsemischung in einer großen Rührschüssel vermengen und gut verrühren.

91. Würziger Kürbis-Frischkäse-Dip

Ergibt: 4 bis 6 Portionen

ZUTATEN:

- 8 Unzen Frischkäse
- 15 Unzen ungesüßter Kürbis aus der Dose
- 1 Teelöffel Zimt
- 1/4 Teelöffel Piment
- 1/4 Teelöffel Muskatnuss
- 10 Pekannüsse, zerdrückt

ANWEISUNGEN:

a)   Den Frischkäse und den Kürbis aus der Dose in einem Mixer cremig schlagen.

b)   Zimt, Piment, Muskatnuss und Pekannüsse unterrühren, bis alles gut vermischt ist. Vor dem Servieren eine Stunde im Kühlschrank ruhen lassen.

92. Frischkäse-Honig-Dip

Ergibt: 2 Portionen

ZUTATEN:
- 2 Unzen Frischkäse
- 2 Esslöffel Honig
- 1⁄4 Tasse gepresster Orangensaft
- 1⁄2 Teelöffel gemahlener Zimt

ANWEISUNGEN:
a) Alles glatt rühren.

93. Cremiger Spinat-Tahini-Dip

Ergibt etwa 1 Tasse

ZUTATEN:
- 1 (10 Unzen) Packung frischer Babyspinat
- 1 bis 2 Knoblauchzehen
- 1/2 Teelöffel Salz
- 1/3 Tasse Tahini (Sesampaste)
- Saft von 1 Zitrone
- Gemahlener Cayenne-Pfeffer
- 2 Teelöffel geröstete Sesamkörner zum Garnieren

ANWEISUNGEN:
- Den Spinat etwa 3 Minuten leicht dämpfen, bis er zusammenfällt. Ausdrücken und beiseite stellen.
- Knoblauch und Salz in einer Küchenmaschine fein zerkleinern. Den gedünsteten Spinat, Tahini, Zitronensaft und Cayennepfeffer nach Geschmack hinzufügen.
- Alles gut vermischen und abschmecken, bei Bedarf die Gewürze anpassen.
- Geben Sie den Dip in eine mittelgroße Schüssel und bestreuen Sie ihn mit den Sesamkörnern. Wenn Sie es nicht sofort verwenden, decken Sie es ab und kühlen Sie es, bis es benötigt wird.
- Bei richtiger Lagerung ist es bis zu 3 Tage haltbar.

94. Aprikosen-Chili-Dip

Ergibt etwa 1 Tasse

ZUTATEN:

- 4 getrocknete Aprikosen
- 1/2 Tasse weißer Traubensaft oder Apfelsaft
- 1/2 Teelöffel asiatische Chilipaste
- 1/2 Teelöffel geriebener frischer Ingwer
- 1 Esslöffel Sojasauce
- 1 Esslöffel Reisessig

ANWEISUNGEN:

- In einem kleinen Topf die Aprikosen und den Traubensaft vermischen und kurz zum Kochen bringen. Vom Herd nehmen und 10 Minuten ruhen lassen, damit die Aprikosen weich werden.
- Die Aprikosenmischung in einen Mixer oder eine Küchenmaschine geben und glatt rühren. Chilipaste, Ingwer, Sojasauce und Essig hinzufügen und glatt rühren. Abschmecken und bei Bedarf nachwürzen.
- In eine kleine Schüssel umfüllen. Wenn Sie es nicht sofort verwenden, decken Sie es ab und kühlen Sie es, bis es benötigt wird.
- Bei richtiger Lagerung ist die Soße 2 bis 3 Tage haltbar.

95. Dip aus gerösteten Auberginen

Ergibt: 5 TASSEN (1,19 L)

ZUTATEN:
- 3 mittelgroße Auberginen mit Schale (die große, runde, violette Sorte)
- 2 Esslöffel Öl
- 1 gehäufter Teelöffel Kreuzkümmelsamen
- 1 Teelöffel gemahlener Koriander
- 1 Teelöffel Kurkumapulver
- 1 große gelbe oder rote Zwiebel, geschält und gewürfelt
- 1 (5 cm) Stück Ingwerwurzel, geschält und gerieben oder gehackt
- 8 Knoblauchzehen, geschält und gerieben oder gehackt
- 2 mittelgroße Tomaten, geschält (wenn möglich) und gewürfelt
- 1–4 grüne Thai-, Serrano- oder Cayennepfeffer-Chilis, gehackt
- 1 Teelöffel rotes Chilipulver oder Cayennepfeffer
- 1 Esslöffel grobes Meersalz

ANWEISUNGEN:
a) Stellen Sie einen Ofenrost auf die zweithöchste Position. Heizen Sie den Grill auf 500 °F (260 °C) vor. Ein Backblech mit Alufolie auslegen, um spätere Unordnung zu vermeiden.

b) Stechen Sie mit einer Gabel Löcher in die Aubergine (um Dampf abzulassen) und legen Sie sie auf das Backblech. 30 Minuten braten, dabei einmal wenden. Wenn sie fertig sind, wird die Haut an manchen Stellen verkohlt und verbrannt sein. Nehmen Sie das Backblech aus dem Ofen und lassen Sie die Aubergine mindestens 15 Minuten abkühlen. Schneiden Sie mit einem scharfen Messer der Länge nach von einem Ende jeder Aubergine zum anderen einen Spalt ein und ziehen Sie ihn leicht auf. Nehmen Sie das geröstete Fruchtfleisch heraus und achten Sie dabei darauf, den Dampf zu vermeiden und so viel Saft wie möglich aufzufangen. Geben Sie das geröstete Auberginenfleisch in eine Schüssel – Sie erhalten etwa 4 Tassen (948 ml).

c) Erhitzen Sie das Öl in einer tiefen, schweren Pfanne bei mittlerer bis hoher Hitze.

d) Fügen Sie den Kreuzkümmel hinzu und kochen Sie ihn etwa 30 Sekunden lang, bis er brutzelt.

e) Koriander und Kurkuma hinzufügen. Mischen und 30 Sekunden kochen lassen.

f) Die Zwiebel dazugeben und 2 Minuten anbraten.

g) Ingwerwurzel und Knoblauch hinzufügen und weitere 2 Minuten kochen lassen.

h) Tomaten und Chilis hinzufügen. 3 Minuten kochen lassen, bis die Mischung weich wird.

i) Das Fruchtfleisch der gerösteten Auberginen hinzufügen und weitere 5 Minuten kochen lassen, dabei gelegentlich umrühren, um ein Ankleben zu vermeiden.

j) Fügen Sie das rote Chilipulver und Salz hinzu. An dieser Stelle sollten Sie auch alle vereinzelten Stücke verkohlter Auberginenschale entfernen und entsorgen.

k) Mischen Sie diese Mischung mit einem Stabmixer oder in einem separaten Mixer. Übertreiben Sie es nicht – es sollte noch etwas Textur vorhanden sein. Mit gerösteten Naan-Scheiben, Crackern oder Tortillachips servieren. Sie können es auch traditionell zu einem indischen Gericht aus Roti, Linsen und Raita servieren.

96.   Rettich MIcrogreen & Limetten-Dip

ZUTATEN:

- 4 Unzen Rettich-Microgreens
- 2 Unzen Koriander
- 8 Unzen saure Sahne
- 1 EL gelbe Zwiebel, gerieben
- 1 kleine Knoblauchzehe, gerieben
- 2 EL Limettensaft oder nach Geschmack
- Salz nach Geschmack
- rote Pfefferflocken nach Geschmack

ANWEISUNGEN:

a) In einem Mixer Microgreens, Koriander (Stängel und alles), Zwiebel, Knoblauch und Sauerrahm glatt rühren.

b) Mit Limettensaft, Salz und einer Prise roter Paprikaflocken würzen. Mit Pommes, Gemüse, Grillfleisch und anderen Beilagen servieren.

97. Sesam-Frühlingszwiebel-Dip

Ergibt etwa eine halbe Tasse

ZUTATEN:
- 3 Esslöffel Wasser
- 2 Esslöffel Sojasauce
- 1 Esslöffel Mirin
- 1 Esslöffel gehackte Frühlingszwiebeln
- 1 Teelöffel gehacktes Zitronengras
- 1 Teelöffel geriebener frischer Ingwer
- 1 Teelöffel geröstetes Sesamöl
- 1 Teelöffel Sesamkörner

ANWEISUNGEN:
a) In einer kleinen Schüssel die Zutaten vermengen und gut vermischen.

b) Wenn Sie es nicht sofort verwenden, decken Sie es ab und kühlen Sie es, bis es benötigt wird.

c) Bei richtiger Lagerung ist die Soße 3 bis 4 Tage haltbar.

98.   Mango-Ponzu-Dip

Ergibt etwa 11/4 Tassen

ZUTATEN:
- 1 Tasse gewürfelte reife Mango
- 1 Esslöffel Ponzu-Sauce
- 1/4 Teelöffel asiatische Chilipaste
- 1/4 Teelöffel Zucker
- 2 Esslöffel Wasser, bei Bedarf auch mehr

ANWEISUNGEN:
- Alle Zutaten in einem Mixer oder einer Küchenmaschine vermischen und zu einer glatten Masse verrühren. Falls eine dünnere Soße gewünscht wird, einen weiteren Esslöffel Wasser hinzufügen.
- In eine kleine Schüssel umfüllen. Sofort servieren oder abdecken und bis zur Verwendung im Kühlschrank aufbewahren. Diese Sauce wird am besten am selben Tag verwendet, an dem sie zubereitet wird.

99. Auberginen-Walnuss-Aufstrich

Ergibt etwa 2 1/2 Tassen

ZUTATEN:

- 2 Esslöffel Olivenöl
- 1 kleine Zwiebel, gehackt
- 1 kleine Aubergine, geschält und in 1/2-Zoll-Würfel geschnitten
- 2 Knoblauchzehen, gehackt
- 1/2 Teelöffel Salz
- 1/8 Teelöffel gemahlener Cayennepfeffer
- 1/2 Tasse gehackte Walnüsse
- 1 Esslöffel frisch gehackter Basilikum
- 2 Esslöffel vegane Mayonnaise
- 2 Esslöffel gehackte frische Petersilie zum Garnieren

ANWEISUNGEN:

a) In einer großen Pfanne das Öl bei mittlerer Hitze erhitzen. Zwiebel, Aubergine, Knoblauch, Salz und Cayennepfeffer hinzufügen. Abdecken und ca. 15 Minuten weich kochen. Walnüsse und Basilikum unterrühren und zum Abkühlen beiseite stellen.

b) Geben Sie die abgekühlte Auberginenmischung in eine Küchenmaschine. Die Mayonnaise dazugeben und glatt rühren. Abschmecken, bei Bedarf nachwürzen, dann in eine mittelgroße Schüssel geben und mit der Petersilie garnieren.

c) Wenn Sie es nicht sofort verwenden, decken Sie es ab und kühlen Sie es, bis es benötigt wird.

d) Bei richtiger Lagerung ist es bis zu 3 Tage haltbar.

100. Frecher Spinat-Dip mit geröstetem Knoblauch

Ergibt etwa 2 1/2 Tassen

ZUTATEN:

- 5 bis 7 Knoblauchzehen
- 1 (10-Unzen) Packung gefrorener, gehackter Spinat, aufgetaut
- 1/2 Tasse vegane Mayonnaise, selbstgemacht (siehe Vegane Mayonnaise) oder im Laden gekauft
- 1/2 Tasse vegane Sauerrahm, hausgemacht (siehe Tofu-Sauerrahm) oder im Laden gekauft
- 2 Teelöffel frischer Limettensaft
- 1/4 Tasse gehackte Frühlingszwiebeln
- 1/4 Tasse geraspelte Karotte
- 2 Esslöffel gehackter frischer Koriander oder Petersilie
- 1/2 Teelöffel Selleriesalz
- Salz und frisch gemahlener schwarzer Pfeffer

ANWEISUNGEN:

a) Heizen Sie den Ofen auf 350 °F vor. Rösten Sie den Knoblauch auf einem kleinen Backblech 12 bis 15 Minuten lang goldbraun. Den gerösteten Knoblauch pressen oder zerdrücken und zu einer Paste zerstampfen. Beiseite legen.

b) Während der Knoblauch röstet, den Spinat 5 Minuten lang dämpfen, bis er weich ist. Auspressen und fein hacken. Beiseite legen.

c) In einer mittelgroßen Schüssel Mayonnaise, Sauerrahm, Limettensaft und gerösteten Knoblauch vermischen. Zum Kombinieren umrühren. Frühlingszwiebeln, Karotte und Koriander hinzufügen. Den gedünsteten Spinat unterrühren und mit Selleriesalz sowie Salz und Pfeffer abschmecken. Gut mischen. Vor dem Servieren mindestens 1 Stunde kalt stellen, damit sich die Aromen intensivieren können. Wenn Sie es nicht sofort verwenden, decken Sie es ab und kühlen Sie es. Bei richtiger Lagerung ist es bis zu 3 Tage haltbar.

ABSCHLUSS

Zusammenfassend ist das Fondue-Kochbuch mehr als nur eine Rezeptsammlung; Es ist eine Hommage an die Kunst des Fondues. Mit seiner Vielseitigkeit und unterhaltsamen interaktiven Art ist Fondue perfekt für jeden Anlass, egal ob es sich um ein romantisches Abendessen zu zweit, ein Familientreffen oder eine festliche Party handelt. Dieses Kochbuch führt Sie durch die verschiedenen Fondue-Arten, gibt Tipps für die perfekte Konsistenz und den perfekten Geschmack und gibt Ihnen jede Menge Inspiration für Ihre Dip-Varianten.

Über die eigentlichen Rezepte hinaus bietet das Fondue-Kochbuch auch hilfreiche Informationen zum richtigen Aufstellen und Warten Ihres Fonduetopfs sowie kreative Präsentationsideen, um Ihre Gäste zu beeindrucken. Mit seinen schönen Fotos, den leicht verständlichen Anweisungen und der Fülle an Informationen ist dieses Kochbuch ein Muss für jeden Fondue-Liebhaber.

Egal, ob Sie ein klassisches Käsefondue nachkochen oder etwas Neues wie ein herzhaftes Fleischfondue oder ein süßes Dessertfondue ausprobieren möchten, mit dem Fondue-Kochbuch sind Sie an der richtigen Adresse. Schnappen Sie sich also Ihre Lieblings-Dip-Zutaten, Ihren Fondue-Topf und machen Sie sich bereit, mit diesem umfassenden und köstlichen Kochbuch Ihr Fondue perfekt zu schmelzen.